Alexander Kissler (Hg.)

DER JAHRHUNDERTPAPST

ALEXANDER KISSLER (HG.)

DER JAHRHUNDERT-PAPST

SELIGER JOHANNES PAUL II.

PATTLOCH

Bildnachweis

Umschlagfoto: dpa

Fotos: Picture Alliance: S. 2 dpa / S. 7 dpa / ANSA / S. 10 dpa /
S. 15 dpa / S. 20 dpa / S. 23 dpa / S. 26 dpa / EPA / Claudio Onorati /
S. 28 KPA / S. 30 dpa / AFP / S. 34 dpa / AFP / S. 37 dpa / ANSA /
S. 40-41 dpa / epa / S. 42 dpa / epa AFP / S. 46 dpa / Martin Athenstädt /
S. 49 dpa / epa ansa Vatikan / S. 53 dpa / UPI / S. 59 dpa / epa ansa
Brambatti / S. 60 dpa / epa Mike Persson / S. 64 dpa / AFP /
S. 68 dpa / AFP / S. 73 dpa / AFP / S. 74 dpa / AFP / S. 77 dpa /
Roland Witschel /S. 78 Photoshot / Band Photo / S. 83 dpa / epa ansa /
S. 86 KNA-Bild / S. 89 dpa / epa / S. 95 KNA-Bild Siciliani

Bildredaktion: Markus Röleke
Lektorat: Michael Schönberger
Layout, Satz und Herstellung: Sandra Hacke
Umschlaggestaltung: ZERO Werbeagentur, München
Reproduktion: Repro Ludwig, A-Zell am See
Druck und Bindung: Offizin Andersen Nexö GmbH, Zwenkau
Printed in Germany

© 2011 Pattloch Verlag GmbH & Co. KG, München
ISBN 978-3-629-02304-9

Besuchen Sie uns im Internet:
www.pattloch.de

2   4   5   3   1

DER PAPST AUS POLEN

Vermutlich hätte ich es schon weggeworfen und entsorgt, das klobige, kantige, beschädigte Mobiltelefon. Ich nutze es kaum noch. Es trägt aber einen Schatz in sich, den ich nicht verlieren mag, eine Textnachricht, die meine Gedanken geradewegs zurückführt in eine sehr lebendige Vergangenheit. Besagte SMS vom 2. April 2005 lautet: »Die Welt hält inne! Papst Johannes Paul II. ist um 21.37 Uhr gestorben. Auf dem Petersplatz finden sich 100 000 Menschen ein. Der Kölner Dom läutet die Glocken.«

So war es tatsächlich. Die Welt schien stillzustehen an diesem kalten Samstagabend, als sich ein Tod ereignete, der alles andere war als überraschend. Das öffentliche Siechtum des greisen Papstes hatte schon vor der Jahrtausendwende begonnen. Er war gestürzt, er war mehrfach operiert worden. Jahr um Jahr bereitete es ihm größere Mühe, sich verständlich zu machen, sich zu bewegen. Der leidenschaftliche Sportler von ehedem saß im Rollstuhl. Er hatte ein wächsernes Gesicht bekommen. Bei der Verleihung des außerordentlichen Karlspreises im März 2004 schob man einen Kranken und Leidenden, in strahlendes Weiß gekleidet, in den vatikanischen Saal. Wenig später brach er zur 104. und letzten Auslandsreise auf, nach Lourdes, zu Maria, der Hoffnung der Kranken. Ihnen allen bekannte er, nun den Lebensabschnitt zu teilen, »der von körperlichen Gebrechen gezeichnet ist, aber deswegen im wunderbaren Plan Gottes nicht weniger Früchte trägt«. Er habe »im Hinblick auf den apostolischen Auftrag immer großes Vertrauen in die Hingabe, in das Gebet und in das Opfer der leidenden Menschen« gehabt. Und nun, am 2. April 2005, war er gestorben. *Das Lehramt des Leidens schwieg.*

Wir alle sind erlöste Menschen

Die erste Enzyklika, die gemeinhin wie das Regierungsprogramm eines neuen Papstes gelesen wird, begann 1979 mit den Worten: »Der Erlöser des Menschen, Jesus Christus, ist die Mitte des Kosmos und der Geschichte.« Mit diesem christlichen Fundamentalsatz war die Grundmelodie eines Pontifikats angeklungen, von dem damals niemand wissen konnte, zu welchen Dimensionen es sich aufschwingen würde. So viele Länder wie Karol Wojtyła, 128 an der Zahl, hat kein anderer Papst bereist; kein anderer hat so viele Menschen heilig- oder seliggesprochen, rund 1800 nämlich, hat so viele Männer, Frauen, Kinder persönlich getroffen, so viele Reden und Predigten gehalten, so viele Schriften hinterlassen, allein 14 Enzykliken, 14 nachsynodale Schreiben, 42 Apostolische Briefe. Johannes Paul II. war der erste globale Medienstar der Kirchengeschichte. Er war der Papst der Kameras und der Massen. Er war der Mann aus dem Osten, der als Anwalt der Person, des Lebens und des »Gottes der Freude« nicht Mauern fürchtete und nicht Konventionen. Im Zeichen der Erlösung also, die der ganzen Welt durch Christus verheißen sei, im Zeichen einer Verschränkung von Heils- und Weltgeschichte, von Menschenwerk und Schöpfung eröffnete Johannes Paul II. »Redemptor hominis« und damit recht eigentlich sein Pontifikat. Diese doppelte Optik sollte kennzeichnend bleiben. Wer die Welt zu sehen versucht, wie Gott sie gemeint hat, der wird die jeweilige Gegenwart immer genau wahrnehmen müssen, ihr

Papst Johannes Paul II. nach seiner Wahl am 16.10.1978 auf der Loggia des Petersdoms. Der Pole Karol Wojtyła wurde als erster Nichtitaliener seit 1522 zum Papst gewählt.

auf den Grund schauen und gerade so sie hinter sich lassen, da in jedem menschlichen das göttliche Antlitz und in jeder Zeit das Ewige verborgen schon da ist: Davon war Johannes Paul II. fest überzeugt. Antimodernismus und Modernismus verboten sich gleichermaßen. Deshalb hatte es zuweilen den Anschein, er sauge dieselbe Gegenwart in sich auf, die er im nächsten Moment richtete. »Wir alle«, sagte er einmal, »sind erlöste Menschen. Erlöst sind unsere Seelen und unsere Körper. (…) Christsein heißt, am Erlösungsgeheimnis teilzuhaben.« Und dennoch und zugleich mache die »Kultur des Todes« sich breit, wachse der Relativismus und jener »übertriebene Liberalismus«, durch den »Prinzipien, Wahrheiten und Werte, die in Jahrhunderten mühsam erworben wurden, auf die Müllhalde gekippt werden«. Joseph Ratzinger erinnert sich besonders an den »adventlichen Charakter« der ersten Enzyklika. Sein Vorgänger auf dem Stuhl Petri nahm bereits 1979 die Jahrtausendwende in den Blick. »Tatsächlich«, schrieb Johannes Paul II., »stehen wir jetzt schon nahe am Jahr 2000. Wir befinden uns in gewisser Weise in der Zeit eines neuen Advents, in einer Zeit der Erwartung.« Das Heilige Jahr 2000 sollte zum Ziel- und Angelpunkt des Pontifikats werden. Anno Domini MM bereiste er das Heilige Land, Ägypten, den Sinai und legte das große Mea Culpa der Kirche ab, um deren Gedächtnis vor Gott zu reinigen. Im Jahr 2000 wurde mit dem Dokument »Dominus Jesus« der singuläre Rang der apostolischen römischen Kirche bekräftigt. Ebenfalls 2000 bat er, nachdem er die Heilige Pforte im Petersdom geöffnet hatte, um »Erbarmen für das Jahrtausend (…), das zu Ende geht. Wir bitten um Vergebung, weil leider nicht selten die Errungenschaften von Technik und Wissenschaft, so bedeutsam für den wirklichen menschlichen Fortschritt sie auch sind, gegen den Menschen eingesetzt wurden.«

Habt keine Angst!

Am schnellsten aber den Weg in den Zitatenschatz der Menschheit fand der leidenschaftliche Aufruf aus der Messe zur Amtseinführung am 22. Oktober 1978: »Habt keine Angst! Öffnet, ja reißt die Tore weit auf für Christus!« Eine solche Öffnung war zur Zeit des Kalten Krieges keineswegs nur geistlich gemeint. »Öffnet die Grenzen der Staaten«, fuhr Johannes Paul II. fort, »die wirtschaftlichen und politischen Systeme, die weiten Bereiche der Kultur, der Zivilisation und des Fortschritts seiner rettenden Macht! Habt keine Angst! Christus weiß, was im Innern des Menschen ist. Er allein weiß es (…). Erlaubt also – ich bitte euch und flehe euch in Demut und Vertrauen an –, erlaubt Christus, zum Menschen zu sprechen! Nur er hat Worte des Lebens!«

Bereits im darauffolgenden Januar 1979 musste sich der sowjetische Außenminister Andrej Gromyko diese Worte aus des Papstes Mund anhören, übersetzt in die Forderung nach Religionsfreiheit. Im Juni 1979 dann mündete der erste triumphale Besuch der polnischen Heimat in einen nicht minder dramatischen Appell: »Ich rufe, ich, ein Sohn polnischer Erde und zugleich Papst Johannes Paul II., ich rufe aus der ganzen Tiefe dieses Jahrhunderts, rufe am Vorabend des Pfingstfestes: Sende aus deinen Geist! Sende aus deinen Geist! Und erneuere das Angesicht der Erde! Dieser Erde!«

Damit war der Auftakt vollzogen zu einer politischen wie moralischen Offensive des Vatikans wider die sozialistischen Diktaturen, an deren Ende Michail Gorbatschow bilanzieren konnte: »Was in Osteuropa in den letzten Jahren geschehen ist, wäre nicht möglich gewesen ohne diesen Papst, ohne die große, auch politische Rolle, die Johannes Paul II. im Weltgeschehen gespielt hat.« Der Pontifex habe »zur Veredelung unserer Zeit, zur Verwurzelung der Prinzipien des Guten, der Gerechtigkeit und der Solidarität in ihr beigetragen. Und das wird nicht vergessen werden.«

Auch Joseph Ratzinger, dem engen Mitarbeiter Johannes Pauls II. und heutigen Papst Benedikt XVI., ist der ansteckende Ruf aus der ersten Messe ein eindrückliches Erlebnis geblieben: »In der Tat ist es die Angst, die Christus die Türen verschließt, auch wenn sie noch so sehr hinter selbstherrlichen Gebärden verborgen ist, Angst um die eigene Macht, Angst um die Beeinträchtigung des eigenen Wollens und Tuns (…). Hier sprach einer, der selbst erfahren hatte, dass die Gemeinschaft mit Christus Gewähr der Freiheit und die stärkste Gegenkraft gegen die Macht der Tyrannen ist; hier sprach einer, der Christus als befreiende Weite seines Lebens erfahren hatte.« Insofern galt die Einsicht aus »Redemptor hominis«, der Mensch sei der Weg der Kirche, nicht zuletzt für jenen Menschen, der die Enzyklika verfasst hatte, für Karol Józef Wojtyła aus Wadowice.

Sportler, Schauspieler, Dichter

Am Beginn seines Lebensweges war Karol, genannt Lolek, ein talentierter Fußballtorwart, ein leidenschaftlicher Schauspieler, ein Dramatiker und ein Mensch im Unter-

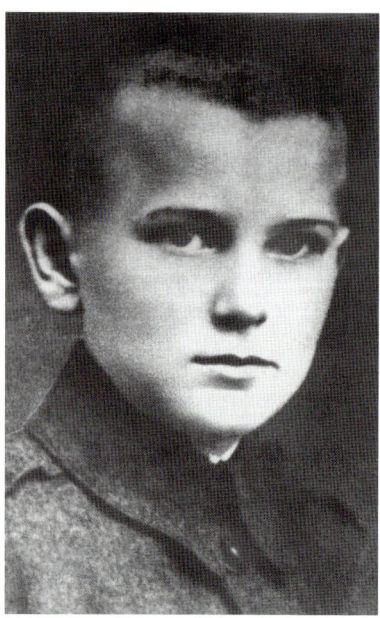

Karol Wojtyła im Alter von 12 Jahren

grund, fast ohne Familie. »Mit 20 Jahren«, sagte er damals, »habe ich schon alle verloren, die ich liebhabe.« Man schrieb das Jahr 1941, sein Vater war gerade gestorben. Die Mutter hatte ihn und das irdische Dasein bereits 1929 – er selbst war noch keine neun Jahre alt – verlassen, sein Bruder Edmund war 1932, gerade 26-jährig, gefolgt. Und nun blieb Karol auch der Heimgang des Vaters, mit dem er 1938 von Wadowice nach Krakau umgezogen war, nicht erspart. In Krakau herrschten mittlerweile die deutschen Besatzer; Hans Frank war der brutale nationalsozialistische Statthalter im neuen »Generalgouvernement«. Die Deutschen wollten die Juden, den Adel, den katholischen Klerus beseitigen. Die Zwangsarbeit traf auch den Literaturstudenten Karol. Im Steinbruch von Zakrzówek war er erst Handlanger, dann Assistent des Sprengmeisters, zog den Schotter von der Grube zu den Eisenbahnwaggons.

Abends trug er selbstverfasste Gedichte vor oder traf sich mit den Freunden vom »Rhapsodischen Theater«, um in abgedunkelten, blickdicht verschlossenen Privatwohnungen in fremde Rollen zu schlüpfen. Subversiven Charakter hatten diese riskanten Liebhaberaufführungen. Dass die polnische Kultur weiterlebe auch unter den Stiefeltritten der deutschen Besatzer, sollten sie verbürgen. Im August 1944 trat der fromme Schöngeist dem geheimen Priesterseminar bei. Seine Künstlerfreunde reagierten mit Unverständnis. Habe Gott ihm etwa nicht das große Geschenk der Schauspielkunst anvertraut? Karol aber beugte die Knie und schrieb, er »glaube, dass unsere Befreiung die Pforte Christi sein muss«.

Die ersten Stücke des Jungdramatikers lauteten »Hiob« und »Jeremia«. In beiden verband er die alttestamentliche Heilszusage mit den Bedrängnissen der polnischen Geschichte. Eine Hochschätzung der gesamten Bibel spricht daraus wie auch der später für den Papst so zentrale doppelte Blick auf die Geschichte. Immer eben ist diese in Johannes Pauls Perspektive beides, Heilsgeschichte im Angesicht Gottes und Unheilsgeschehen dank menschlicher Niedertracht. Deshalb gibt es stets Hoffnung und immer Sünde und also Erlösungsbedürftigkeit durch Christus.

Liebe und Verantwortung

Nach dem für Polen schrecklich verlaufenen Krieg, der mit einer abermaligen, diesmal sowjetischen Besatzung endete, empfing Karol Wojtyła Ende 1946 die Priesterweihe. In Rom setzte er sein Studium fort, wurde mit einer Arbeit über Johannes vom Kreuz promoviert. Der Habilitation über den deutschen Philosophen Max Scheler schloss sich 1958 die Erhebung zum Weihbischof, 1964 jene zum Erzbischof von Krakau an. Seine beiden philosophischen Hauptwerke entstanden ebenfalls in den 1960er Jahren: »Liebe und Verantwortung« und »Person und Tat«.

Wäre nichts aus dieser Zeit auf uns gekommen als die Titel dieser beiden Werke, wären wir schon im Besitz der zentralen Denkkategorien des Philosophen in den Schuhen des Fischers. Liebe, lesen wir, ist ohne Verantwortung nicht zu haben, ja ist die dichteste Form von personaler Verantwortung. Die Person wiederum wird dann ganz ihrer Würde gerecht, wenn sie handelt. Die spätere päpstliche Mahnung: »Wir müssen (…) bekennende Christen sein und den Mut haben, uns von unserer Umgebung wenn nötig zu unterscheiden«, und zwar insbesondere dann, wenn die innere Wahrheit der Person gefährdet ist, entsprang diesen früh erworbenen Einsichten.

Mit »Liebe und Verantwortung« schuf Wojtyła die Grundlage für die später in 130 Ansprachen bei den Generalaudienzen zwischen September 1979 und November 1984 entfaltete »Theologie des Leibes«. Über diese urteilt sein Biograph George Weigel kühn und effektvoll: »Nur wenige Moraltheologen haben unser Verkörpertsein als männlich und weiblich so ernst genommen wie Johannes Paul. Nur wenige haben es gewagt, die katholische intuitive Erkenntnis so weit zu treiben, wie es Johannes Paul in seiner Lehre tut: dass die sich selbst hingebende Liebe der sexuellen Gemeinschaft ein Abbild des inneren Lebens Gottes ist. (…) Diese 130 katechetischen Ansprachen stellen zusammen eine Art theologischer Zeitbombe dar, die mit dramatischen Konsequenzen irgendwann im dritten Millennium der Kirche hochgehen wird.« Johannes Paul II. legte etwa dar, inwieweit »der Leib und nur er« als »Zeuge der göttlichen Liebe« das Geistliche sichtbar machen könne, weshalb die Vereinigung der Geschlechter »tiefster Grund der menschlichen Sittlichkeit und Kultur« sei – oder warum die eheliche, fleischliche Verbindung von Mann und Frau der Verbindung Christi mit der Kirche entspreche und Empfängnisverhütung deshalb ein Sakrileg sei, ein Verstoß gegen das sakramentale Zeichen der ehelichen Liebe.

Die gemeinsame Wurzel seiner Darlegungen zu den politischen Freiheitsrechten und den Geboten einer strikt individuellen Menschenwürde findet sich, wie angedeutet, in »Liebe und Verantwortung« von 1960. Sie hört dort auf den Namen Utilitarismus und meint die falsche menschliche Neigung, andere Menschen wie Objekte zu gebrauchen. Höchstes Gut des Utilitaristen sei schließlich die Annehmlichkeit. Auf diese Weise würdige er das Gegenüber herab zum Instrument des eigenen Wohlbefindens. »Ganz offensichtlich«, beharrt Wojtyła, bringe »das, was wahrhaft gut ist und die Sittlichkeit und das Gewissen mir zu tun gebieten, oft ein gewisses Maß an Unannehmlichkeit mit sich (…). Wenn ich jemand anderen als Mittel und Werkzeug im Hinblick auf mich selber behandle, dann betrachte ich mich selbst wider Willen in demselben Licht.« Damit sei das Gegenteil des Liebesgebotes erreicht.

Leidenschaftlicher Anwalt des Lebens

So löst sich der Knoten des vermeintlichen Gegensatzes zwischen dem politischen Freiheitskämpfer und dem Moralisten, dem modernen und dem konservativen Papst. Johannes Paul II. hatte ein ganzheitliches Bild von Leben vor Augen, wenn er sich programmatisch als Anwalt des Lebens bezeichnete und daran eine vertraute geschichtsphilosophische Spekulation knüpfte. »Vielleicht«, eröffnete er den deutschen Bischöfen, »hat mir Gottes Vorsehung gerade deshalb den Stuhl des heiligen Petrus anvertraut, damit ich an der Schwelle zum dritten Jahrtausend ein leidenschaftlicher Anwalt des Lebens sei. Ich, der ich von Jugend an erleben musste, wie in einem besonders dunklen Kapitel der Geschichte dieses geplagten Jahrhunderts unweit meiner Heimatstadt Wadowice menschliches Leben mit Füßen getreten und systematisch vernichtet wurde!« Leben aber bedeutet die gesamte personale Existenz von Empfängnis bis natürlichem Tod und darüber hinaus den ganzen Raum aus Freiheit und Verantwortung, den die Würde jedem einzelnen Menschen eröffnet. So betrachtet, vergehen sich Sozialisten, Faschisten, Konsumisten gleichermaßen am Leben, an der Schöpfung, an Gott. Sie sind allesamt Utilitaristen.

Papst Johannes Paul II. nach seiner Ankunft in Bangladesch. Er besuchte vom 18.11. bis 1.12.1986 Bangladesch, Singapur, die Fidschi-Inseln, Neuseeland, Australien und die Seychellen.

Sie gebrauchen – auf verschiedenen Stufen – den Menschen zu menschenunwürdigen Zwecken.

Insofern verdankte sich die ausgedehnte, den kurialen Apparat wie die Aufnahmefähigkeit der Weltöffentlichkeit bis an die Grenzen der Belastbarkeit beanspruchende Reisetätigkeit nicht nur dem Gestaltungsdrang des ehemaligen Schauspielers. Johannes Paul II. wollte buchstäblich in aller Herren Länder Flagge zeigen, um überall den Propheten des Diesseits das Kreuz der Hoffnung und des Lebens entgegenzuhalten. Auch in Papua-Neuguinea, Burkina Faso, Sri Lanka und auf den Fidschi- und Salomon-Inseln sollte das ewige Wort erklingen: Mission unter den Bedingungen der Globalisierung. Dass diese wiederum nach dem Ende des Ost-West-Konfliktes neue Gefährdungen hervorbrachte, konnte den Geschichtsdenker nicht überraschen.

Glanz der Wahrheit

Fortan verlangte derselbe Einsatz für das Evangelium des Lebens einen neuen Schwerpunkt, den Kampf wider den konsumistischen Zeitgeist. Gelobt sei, was Spaß macht, gepriesen der Konsum? Dieser falschen Gloriole wollte er den »Glanz der Wahrheit« entgegensetzen – so war die mittlerweile zehnte Enzyklika 1993 überschrieben. Kurz zuvor hatte er mit dem längst nicht allerorts begrüßten Katechismus der Katholischen Kirche eine »sichere Norm für die Lehre des Glaubens« präsentiert; die »neuen Situationen und Probleme« sollten im Licht des fortschreitenden Lehramtes gedeutet werden. Dazwischen lag der umstrittene Gang nach Assisi, wo auf seine Einladung hin zum zweiten Mal nach 1986 Vertreter der christlichen Konfessionen, des Judentums und des Islams Frieden erflehten. Der neuerliche Balkankrieg wurde jedoch ebenso wenig abgewandt wie zwei Jahre zuvor der Irakkrieg – trotz des damals rastlosen Einsatzes des Vatikans. US-Präsident Bush setzte sich über die Mahnung des Papstes hinweg, »dass die aus dem Krieg sich ergebenden Folgen zerstörerisch und tragisch sind«.

So stand das Jahr 1993 im Zeichen einer zweifachen Krise. Der Frieden schien wieder einmal verspielt, und auch im Innern der Kirche machte sich eine »echte Krise« breit, eine Krise der Wahrheit. Der Utilitarismus drohte zu triumphieren. Dieser Befund war der Ausgangspunkt der im November vorgelegten Enzyklika »Veritatis Splendor«, nach der Rückkehr von den Auslandsreisen 57 bis 61, die den »eiligen Vater« nach Afrika, Albanien, Spanien, Mittelamerika und ins Baltikum geführt hatten. Der Ton der Dringlichkeit war unüberhörbar. Der Papst schlug im Kreis der Seinen laut Alarm. Die »gesunde Lehre« entdeckte er

16

bei den Bischöfen nicht immer, stattdessen die sattsam bekannte Anpassung an die Welt, »Relativismus auf theologischem Gebiet«. Die Hirten aber müssten immer »die katholische Lehre rein und unverkürzt« verkünden. Nur dann könne die »Entchristlichung, die auf ganzen Völkern und Gemeinschaften lastet« und einen »Verfall oder eine Trübung des sittlichen Empfindens« bewirke, gestoppt werden. Den »weit verbreiteten subjektivistischen, utilitaristischen und relativistischen Tendenzen« gelte es Einhalt zu gebieten.

Im Angesicht der Zeitenwende

Ob der Verfasser dieser bemerkenswerten Strafpredigt an den Erfolg seiner Feuerrede geglaubt hat? Johannes Paul II. empfahl stets, mit »mutiger Gelassenheit« das Evangelium zu verkünden. War hier das Ende seiner eigenen Gelassenheit erreicht, umgeben von Mitbrüdern, die offenbar in aller Form und großer Ausführlichkeit an die Fundamente des katholischen Glaubens erinnert werden mussten? Auf jeden Fall bezog das Pontifikat unverändert seine Spannkraft aus der millennaristischen Perspektive. Die Jahrtausendwende als eine echte Zeitenwende sollte Kirche und Welt neu ausrichten auf Gott. Was schief und krumm geworden war im Lauf der Jahre, sollte gerade gerückt werden. Verzagtheit und Anmaßung sollten sich in Mut und Demut, diese scheuen Zwillingsschwestern, kehren.

Keine geringere Hoffnung sprach aus dem Apostolischen Schreiben »Tertio Millennio Adveniente«, mit dem der Pontifex und Schriftgelehrte Ende 1994 die Kirche en detail und kategorisch einschwor auf das große Jubeljahr: »Die ganze christliche Geschichte erscheint uns wie ein einziger Strom, dem viele Nebenflüsse ihre Wasser zuführen. Das Jahr 2000 lädt uns ein, mit aufgefrischter Treue und in vertiefter Gemeinsamkeit an den Ufern dieses großen Stromes zusammenzukommen, des großen Stromes der Offenbarung, des Christentums und der Kirche, der seit dem Ereignis, das sich vor zweitausend Jahren in Nazareth und dann in Bethlehem zugetragen hat, durch die Geschichte der Menschheit fließt. Es ist wirklich der Strom, der, wie es der Psalm ausdrückt, mit seinen Wassern die Gottesstadt erquickt.«

Und dann war es so weit. Das Jahr 1999 neigte sich dem Ende zu. Osama bin Laden hatte sich zu den Anschlägen auf die US-amerikanischen Botschaften in Nairobi und Daressalam bekannt, Deutschlands neuer Bundespräsident hieß Johannes Rau, Russlands neuer Ministerpräsident Wladimir Putin, der lutherische Weltbund und der Vatikan unterzeichneten in Augsburg ihr heikles Abkommen zur Rechtfertigungslehre, der Papst veröffentlichte mit dem »Brief an die alten Menschen« sein poetischstes, persönlichstes Schreiben: »Was ist das Alter? Manchmal nennt man es den Herbst des Lebens (…) und folgt damit der Analogie, die von den Jahreszeiten und Phasen nahegelegt wird, die in der Natur aufeinanderfolgen. Es genügt, die Veränderungen der Landschaft im Laufe des Jahres zu beobachten. Es erzählen die Berge und das flache Land, die Wiesen, Täler und Wälder, die Bäume und Pflanzen. (…) Das Alter gehört in den Plan, den Gott mit jedem Menschen hat. Es ist der Zeitraum, in dem alles zusammenläuft, damit der Mensch den Sinn des Lebens besser erfassen und zur Weisheit des Herzens gelangen kann.« Auch seine eigene Endlichkeit thematisierte Johannes Paul II. – der erste Papst, der beharrlich das »Ich« zu einem Stilmittel der Verkündigung machte – ganz offen. Er bewahre sich, schrieb er, »trotz der Einschränkungen, die mit dem Alter verbunden sind, die Lebensfreude. Dafür danke ich dem Herrn. Es ist schön, sich bis zum Ende für die Sache des Reiches Gottes zu verzehren. Gleichzeitig empfinde ich einen großen Frieden, wenn ich an den Augenblick denke, in dem der Herr mich zu sich rufen wird, vom Leben ins Leben!«

Das Jubeljahr 2000 und das große Schuldbekenntnis

Und dann war der 24. Dezember 1999 gekommen – der Tag, auf den das Pontifikat von Beginn an sich zubewegt hatte. Johannes Paul II. öffnete die Heilige Pforte am Petersdom. Dachte er dabei an die »Pforte Christi«, auf die er in Zeiten des Krieges und der Besatzung alle Hoffnung gesetzt hatte? Das war 59 Jahre her. »Du Christus«, sprach jetzt der Papst in der Christmette, »Du Christus, Sohn des lebendigen Gottes, sei für uns die Tür! Sei für uns die wahre Tür, dargestellt von jener Tür, die wir in dieser Nacht feierlich geöffnet haben! Sei für uns die Tür, die uns ins Geheimnis des Vaters einführt. Gib, dass niemand ausgeschlossen bleibt, wenn der Vater seine erbarmenden Hände zum Friedensgruß ausbreitet! Christus ist unser einziger Retter!« Noch die für Wojtyła typischen Ausrufezeichen verraten die Dramatik des Moments. Ein alter, gebeugter Mann, mit von Krankheit versteinerten Zügen, gekleidet in einen golden und violett schimmernden Mantel, kniete auf der Schwelle des Petersdomes; der Stab gab ihm Halt. Das Bild ging um die Welt. Das Jubeljahr nahm seinen Lauf.

Papst Johannes Paul II. kniet am 24.12.1999 auf der Schwelle der Heiligen Pforte im Petersdom nieder und verharrt in stillem Gebet

Im März brach der Mann, der kein Lolek mehr war, auf zur einwöchigen Jubiläumspilgerreise in das Heilige Land. In Yad Vashem versicherte er »dem jüdischen Volk, dass die Katholische Kirche (…) zutiefst betrübt ist über den Hass, die Taten von Verfolgungen und die antisemitischen Ausschreitungen von Christen gegen die Juden, zu welcher Zeit und an welchem Ort auch immer. (…) Lasst uns eine neue Zukunft aufbauen, in der es keine antijüdischen Gefühle seitens der Christen und keine antichristlichen Empfindungen seitens der Juden mehr geben wird.« Beim Großmufti von Jerusalem erinnerte er an »Abraham, der für alle Gläubigen ein Vorbild des Glaubens und der Unterwerfung unter den allmächtigen Gott darstellt«. In die Klagemauer steckte er einen Zettel mit einer Vergebungsbitte, »dass echte Brüderlichkeit herrsche mit dem Volk des Bundes«. Das Jahr 2000, so war es in »Tertio Millennio Adveniente« angekündigt, sollte ein Jahr sein der Aufrichtigkeit, der Buße, des Bekenntnisses.

Deshalb stimmte Johannes Paul II. am ersten Fastensonntag das große Mea Culpa an – ein kirchengeschichtliches Novum. In des Papstes eigenen Worten bat die Kirche Gott um Vergebung für jene Söhne und Töchter, die sich in der Vergangenheit als intolerant erwiesen haben, stolz und hasserfüllt, als feindlich oder gewalttätig gegenüber den Angehörigen anderer Religionen, als diskriminierend. »Sünden gegen die Einheit des Leibes Christi« wurden ebenso eingestanden wie die Schuld »im Verhältnis zu Israel«. Der tiefe Ernst, in dem sich die jeweils in ein »Kyrie eleison« mündende Zeremonie vollzog, und der persönliche Duktus dieser Bekenntnisse in Gebetsform ließen keinen Zweifel: Hier war ein zentrales Anliegen des Karol Wojtyła berührt, hier schlug das Herz des Pontifikats.

Das große Schuldbekenntnis

Lass jeden von uns zur Einsicht gelangen, dass auch Menschen der Kirche im Namen des Glaubens und der Moral in ihrem notwendigen Einsatz zum Schutz der Wahrheit mitunter auf Methoden zurückgegriffen haben, die dem Evangelium nicht entsprechen. (…) In manchen Zeiten der Kirche haben die Christen bisweilen Methoden der Intoleranz zugelassen. (…) Am Abend vor seinem Leiden hat dein Sohn dafür gebetet, dass die Gläubigen in ihm eins seien: Doch sie haben deinem Willen nicht entsprochen. Gegensätze und Spaltungen haben sie geschaffen. Sie haben einander verurteilt und bekämpft. (…) Lass sie (die Christen) die Sünden anerkennen, die nicht wenige von ihnen gegen das Volk des Bundes und der Seligpreisungen begangen haben. (…) Wir sind zutiefst betrübt über das Verhalten aller, die im Laufe der Geschichte deine Söhne und Töchter leiden ließen. (…) Manchmal haben sie (die Christen) sich leiten lassen von Stolz und Hass, vom Willen, andere zu beherrschen, von der Feindschaft gegenüber den Anhängern anderer Religionen und den gesellschaftlichen Gruppen, die schwächer waren als sie, wie etwa den Einwanderern und den Zigeunern. (…) Oft haben die Christen das Evangelium verleugnet und der Logik der Gewalt nachgegeben. Die Rechte von Stämmen und Völkern haben sie verletzt, deren Kulturen und religiöse Traditionen verachtet. (…) Lasst uns beten für die Frauen, die allzu oft erniedrigt und ausgegrenzt wurden. Wir gestehen ein, dass auch Christen in mancher Art Schuld auf sich geladen haben, um sich Menschen gefügig zu machen. (…) Mitunter wurde die gleiche Würde deiner Kinder nicht erkannt. Auch die Christen haben sich schuldig gemacht, indem sie Menschen ausgrenzten und ihnen Zugänge verwehrten. Sie haben Diskriminierungen zugelassen

Papst Johannes Paul II. betet am 26.3.2000 an der Klagemauer in Jerusalem, nachdem er nach jüdischer Sitte einen handgeschriebenen Zettel mit einer Bitte an Gott in eine Mauerritze gesteckt hat

aufgrund von unterschiedlicher Rasse und Hautfarbe. (…) Lasset uns auch beten für alle Menschen auf der Erde, besonders für die Minderjährigen, die missbraucht wurden, für die Armen, Ausgegrenzten und Letzten. (…) Wie oft haben dich auch die Christen nicht wiedererkannt in den Hungernden, Dürstenden und Nackten, in den Verfolgten und Gefangenen, in den gerade am Anfang ihrer Existenz schutzlos Ausgelieferten. Für all jene, die Unrecht getan haben, indem sie auf Reichtum und Macht setzten und die »Kleinen« verachteten, die dir so am Herzen liegen, bitten wir um Vergebung.

Feierlicher Bussakt der ganzen Kirche
am Ersten Fastensonntag.
März 2000

23

Wenn Christus tatsächlich »die Mitte des Kosmos und der Geschichte« darstellt, dann ist es vornehmste Christenpflicht, vor den Herrn der Geschichte all das zu tragen, was sein Werk, die Historie, und seine Schöpfung, den Menschen, besudelt hat. Dann kann der Papst gar nicht anders, als auch in der Bereitschaft zur Buße stellvertretend voranzugehen und die Reinigung des Gedächtnisses persönlich anzuleiten. Dann ist sein Lehramt auch ein Lehramt der Reue, ein Magisterium des Erbarmens.

Der globale Veranstaltungsmarathon im Jahr 2000 zwischen Weltjugendtag und Eucharistischem Weltkongress sorgte für eine abermals erhöhte Betriebstemperatur im Innern der Kirche. Der mehr und mehr kränkelnde Papst wollte, so schien es, in einer vielleicht letzten Anspannung seiner Kräfte die Botschaft des Heiligen Jahres der Welt in fast testamentarischem Sinne übergeben. Sie lautete wie ganz zu Beginn: »Öffnet, ja reißt die Türen weit auf für Christus.« Mit diesem Selbstzitat in seiner Predigt zur Schließung der Heiligen Pforte am 6. Januar 2001 schloss sich für Johannes Paul II. ein Kreis. Zwar schickte er, emsig wie stets, am selben Tag das umfangreiche Apostolische Schreiben »Novo Millennio Ineunte« hinterher, um »die empfangene Gnade (…) in eifrige Vorsätze und konkrete Maßstäbe zum Handeln umzusetzen«. Doch war nun nicht die Zeit erfüllt? Hatte er nicht gegeben, was zu geben ihm vergönnt war?

Das Leiden des Papstes

Johannes Paul II. aber wäre es wie ein Sakrileg vorgekommen, den Blick nach vorne durch jenen zurück zu ersetzen. Nostalgie war seine Sache nie. Noch 2001 schrieb er abermals Geschichte, als er im Mai die Omaijaden-Moschee in Damaskus besuchte. Noch nie hatte ein Papst eine muslimische Gebetsstätte besucht. Christen und Muslime sollten künftig als »Partner für das Wohl der Menschheitsfamilie« zusammenarbeiten. Den denkbar größten Dämpfer erhielt diese Hoffnung vier Monate später durch den Anschlag auf das New Yorker World Trade Center; eine »unmenschliche Tat« sah der Papst darin. Im darauffolgenden Jahr sprach er Padre Pio heilig, 2003 dann Mutter Teresa selig. Es war das Jahr seines 25. Pontifikatsjubiläums. Nur Pius IX. hatte länger amtiert.

In jenen Tagen, da ihm die Sprache zu schwinden begann und die Zeichen und Gesten umso beredter waren, schien jede Nachricht aus Rom ein Krankenbulletin zu sein: Wie geht es dem Papst? Fromme und Heiden, Christen und Andersgläubige interessierten sich in einem Maße für das Leiden und Erleiden Johannes Pauls, wie sie es seinem missionarischen Wirken kaum entgegengebracht hatten. Vollends der tragisch vergebliche Versuch, zu Ostern 2005 der Stadt und dem Weltkreis den Segen zu erteilen, ließ niemanden unberührt.

Keine Gelegenheit hatte der einstige Dramatiker und Schauspieler ausgelassen, der Öffentlichkeit sich und also die Kirche zu präsentieren. Die Kritik, hier siege das einmalige Ereignis, die »Papst-Show«, über den mühsamen und nur so nachhaltigen Kärrnerweg des Glaubens, begleitete ihn. Jetzt aber, da auch der moribunde Pontifex sich der Öffentlichkeit nicht entzog, fielen die Hüllen des Missverständnisses. Ihm war es mit seiner Stellvertretung in der Welt und für Christus tödlich ernst. Er ging vor aller Augen den Weg bis zum bitteren Ende, wie damals, am Beginn einer neuen Zeitrechnung.

Das Vermächtnis

Die Seligsprechung am 1. Mai 2011 sagt wie jede Selig- und Heiligsprechung: Der Himmel steht offen. Die Welt ist nicht genug. Kein Pontifikat wird damit für makellos erklärt, sondern eine unsterbliche Seele Gott in besonderer Weise dankbar anempfohlen. Johannes Paul II. wusste selbst, dass ihm manches auch entglitten war. Die rastlose Produktivität überforderte selbst Wohlmeinende; die Begeisterung für die neuen geistlichen Bewegungen kam Würdigen und Unwürdigen zugute; nicht auf jeder Personalentscheidung lag Segen, und gegen manchen liturgischen Wildwuchs setzte er vergebens die Schere an, zuletzt in seiner 14. und finalen Enzyklika von 2003, »Ecclesia de Eucharistia«.

Johannes Paul II. erscheint am 20. März 2005 das letzte Mal am Fenster des Apostolischen Palastes

Das Vermächtnis aber, das Papst Johannes Paul II. am 2. April 2005 hinterließ, als die Glocken des Kölner Domes läuteten und hunderttausend in Rom versammelt waren und eine Textnachricht sich in ein Mobiltelefon einbrannte, ist nicht abgetan. Die intensive Hinwendung zur Jugend, die tiefe Wertschätzung der Juden, der »geliebten Brüder«, die Offenheit im Umgang mit den anderen Religionen und Bekenntnissen, vor allem aber die mutige Gelassenheit im Verkünden der christlichen Wahrheit bleiben fruchtbar für das noch immer frische Jahrtausend, jenseits der Schwelle, die er selbst übertrat.

Zum bewegenden Erbe zählen die dem Schweigen so mühsam abgerungenen Worte, mit denen er sich am 24. März 2004 für den außerordentlichen Karlspreis bedankte. Es war sein Traum vom alten, geschundenen Kontinent: »Ich denke an ein Europa ohne selbstsüchtige Nationalismen (…), ein Europa, in dem die großen Errungenschaften der Wissenschaft, der Wirtschaft und des sozialen Wohlergehens sich nicht auf einen sinnentleerten Konsumismus richten, sondern im Dienst eines jeden Menschen in Not stehen (…). Das Europa, das mir vorschwebt, ist eine politische, ja mehr noch eine geistige Einheit, in der christliche Politiker aller Länder im Bewusstsein der menschlichen Reichtümer, die der Glaube mit sich bringt, handeln, engagierte Männer und Frauen, die solche Werte fruchtbar werden lassen, indem sie sie in den Dienst aller stellen – für ein Europa des Menschen, über dem das Angesicht Gottes leuchtet. Dies ist der Traum, den ich im Herzen trage und den ich bei dieser Gelegenheit den kommenden Generationen anvertrauen möchte.« Ob dieser Traum je wahr wird?

Alexander Kissler

Papst Johannes Paul II. in München 1987

DIE ZEICHEN DER ZEIT ERKENNEN

WORTE JOHANNES PAULS II.

Leben aus dem Glauben

Der Glaube ist überlegen

Wir müssen uns bewusst dafür entscheiden, bekennende Christen sein zu wollen, und den Mut haben, uns von unserer Umgebung wenn nötig zu unterscheiden. Voraussetzung für solch ein entschiedenes christliches Lebenszeugnis ist, dass wir den Glauben als eine kostbare Lebenschance wahrnehmen und ergreifen, die den Lebensdeutungen und der Lebenspraxis der Umwelt überlegen ist.

PREDIGT IN OSNABRÜCK AM 16. NOVEMBER 1980

Sich nicht täuschen lassen

Ohne einen starken Glauben seid ihr ohne Halt, umhergetrieben von den wechselnden Lehren der Zeit. Ja, auch heute gibt es Bereiche, wo man sich nach eigenen Wünschen immer neue Lehrer sucht, die den Ohren schmeicheln, wie Paulus es vorhergesagt hat. Lasst euch nicht täuschen! Fallt nicht herein auf die Propheten des Egoismus, der falsch verstandenen Selbstverwirklichung, der irdischen Heilslehren, die eine Welt ohne Gott gestalten wollen.

PREDIGTEN UND ANSPRACHEN BEIM ZWEITEN PASTORALBESUCH IN
DEUTSCHLAND VOM 30. APRIL BIS 4. MAI 1987

29

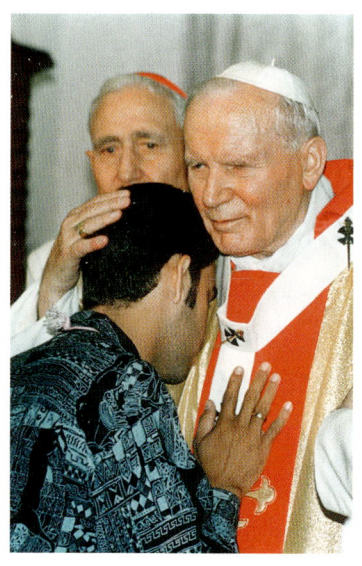

Papst Johannes Paul II. auf dem Weltjugendtag am 15. Januar 1995 in Manila auf den Philippinen. Höhepunkt war der Gottesdienst, zu dem nach offiziellen Angaben mehr als vier Millionen Menschen drängten. Der Papst warnte in seiner Predigt vor einem »Missbrauch der Sexualität«.

Menschlich wird die Welt nur mit Gott

Materialistische Ideologien auf der einen und permissive Moral auf der anderen Seite haben viele dazu verführt, an die Möglichkeit der Errichtung einer neuen und besseren Gesellschaft unter Ausschluss Gottes und jeder Bezugnahme auf transzendente Werte zu glauben. Die Erfahrung lässt uns jedoch mit Händen greifen, dass die Gesellschaft ohne Gott inhuman und der Mensch seines größten Reichtums beraubt wird.

ANSPRACHE IN BENEVENT AM 2. JULI 1990

Wohin wir gehen

Der Tod ist nicht das letzte Wort über das menschliche Schicksal, weil der Mensch zu einem Leben ohne Grenzen bestimmt ist, das seine Erfüllung in Gott findet.

ANGELUS AM 2. NOVEMBER 1997

Neue Spiritualität

Richtig leben

Nicht das Verlangen nach einem besseren Leben ist schlecht, sondern falsch ist ein Lebensstil, der vorgibt, dann besser zu sein, wenn er auf das Haben und nicht auf das Sein ausgerichtet ist. Man will mehr haben, nicht um mehr zu sein, sondern um das Leben in Selbstgefälligkeit zu konsumieren. Es ist daher notwendig, sich um den Aufbau von Lebensweisen zu bemühen, in denen die Suche nach dem Wahren, Schönen und Guten und die Verbundenheit mit den anderen für ein gemeinsames Wachstum jene Elemente sind, die die Entscheidungen für Konsum, Sparen und Investitionen bestimmen.

Enzyklika Centesimus Annus am 1. Mai 1991

Letzte religiöse Fragen bleiben

Die Entwicklung von Wissenschaft und Technik ist zwar ein großartiges Zeugnis der Fähigkeit des Verstandes und der Ausdauer der Menschen, befreit aber die Menschheit nicht davon, sich letzte religiöse Fragen zu stellen, sie spornt sie vielmehr dazu an, die schmerzlichsten und entscheidensten Kämpfe, jene im Herzen und im Gewissen, auszutragen.

Enzyklika Veritatis Splendor am 6. August 1993

Was wirklich glücklich macht

Keine Lossprechung, die durch gefällige Lehren, auch solche philosophischer oder theologischer Art, angeboten wird, vermag den Menschen wahrhaft glücklich zu machen: Allein das Kreuz und die Herrlichkeit des auferstandenen Christus vermögen seinem Gewissen Frieden und seinem Leben Rettung zu schenken.

Enzyklika Veritatis Splendor am 6. August 1993

Folgen selbstzufriedener Autonomie

Man scheint Religion und Kirche nicht zu brauchen. Aber der Schein einer selbstzufriedenen Autonomie trügt. Elementare Lebensfragen werden verdrängt; der vollen Wahrheit über sich und andere geht man aus dem Weg; viele Angebote, das eigene Glück ausschließlich selbst zu bestimmen, führen zu Langeweile und Verzweiflung. Auf Dauer begnügt sich der Mensch eben nicht mit Ersatz als Antwort auf seine Lebensfrage. Die Flucht in Betriebsamkeit, Häufung irdischer Güter, Genuss, Rausch und Drogen sind ein deutliches Zeugnis dafür.

Ad-Limina-Besuch der deutschen Bischöfe im Januar 1988

Verzicht ist modern

Wir müssen aus den Grenzen und Gefahren des Wachstums die Konsequenzen ziehen. Wir dürfen nicht alles machen, was wir tatsächlich machen könnten. Askese, Selbstbeschränkung, Verzicht – diese alten Forderungen der Kirche werden plötzlich wieder sehr aktuell und modern; ja, weithin sogar lebensnotwendig, um das Überleben der Menschheit auch morgen zu gewährleisten.

Predigten und Ansprachen beim zweiten Pastoralbesuch in Deutschland vom 30. April bis 4. Mai 1987

Wieder still werden

Der Mensch von heute muss vor allem die Dimension der Stille und des Gebets wiederfinden, die unerlässlich ist für das Öffnen des Herzens gegenüber Gott und den Mitmenschen.

Regina Caeli in Trient am 30. April 1995

Vater unser und Brüderlichkeit

Auf euren Lippen oder zumindest in eurem Herzen verwurzelt ist das Gebet des Herrn, das mit den Worten beginnt: »Vater unser«. Das Gebet, das den Vater offenbart, bekräftigt zugleich, dass die Menschen Brüder sind – und es widersetzt sich mit seinem ganzen Inhalt allen Programmen, die nach dem Prinzip des Kampfes des Menschen gegen den Menschen in welcher Form auch immer entworfen wurden.

BOTSCHAFT AN DIE JUGENDLICHEN IN DER WELT

AM 31. MÄRZ 1985

Beten heißt hören

Das Gebet kann sich auf vielerlei Weisen ausdrücken, auf persönliche und gemeinsame. Wir müssen vor allem das praktizieren, was das Wesentliche daran ist: uns bereit machen, auf Gott zu hören, der zu uns spricht; uns als seine Kinder mit ihm unterhalten auf Du und Du, voll Vertrauen und Liebe.

ANGELUS AM 16. FEBRUAR 1997

Radikale Umkehr

Das Zeugnis des Christen, die Liebe zu den Armen, Schwachen und Leidenden, ist heute mehr denn je gefragt. Diesen anspruchsvollen Auftrag zu erfüllen erfordert eine totale Umkehrung der scheinbaren Werte, die dazu verleiten, das eigene Wohl zu suchen: die Macht, das Vergnügen, die skrupellose Bereicherung. Ja, gerade zu dieser radikalen Umkehr sind die Jünger Christi aufgerufen.

BOTSCHAFT VOM 8. DEZEMBER 1997 ZUR FEIER

DES WELTFRIEDENSTAGES AM 1. JANUAR 1998

Wir müssen die Stille und das Gebet wiederfinden

Werte, die uns tragen

Der Wert des Lebens

Wenn der Wert des Lebens von seinem natürlichen Beginn bis hin zu seinem natürlichen Ende nicht mehr vollkommen geachtet wird, wird auch jeder andere Wert relativiert, und zwar so weit, dass nur der Überlebenswille als Verhaltenskriterium übrig bleibt.

Überreichung von Akkreditierungsschreiben neuer Botschafter beim Hl. Stuhl am 12. Dezember 1996

Abtreibung ist Mord

Die Kirche muss auch heute mit Nachdruck, Klarheit und Geduld eintreten für das Lebensrecht aller Menschen, vor allem der noch ungeborenen und deshalb besonders schutzbedürftigen Kinder; sie muss eintreten für die uneingeschränkte Geltung des 5. Gebotes: »Du sollst nicht töten!« Entgegen aller Wortkosmetik und Reflexionsverweigerung ahnen doch wohl die allermeisten: Abtreibung ist bewusste Tötung von unschuldigen Menschenleben.

Predigten und Ansprachen beim zweiten Pastoralbesuch in Deutschland vom 30. April bis 4. Mai 1987

Das Leben hüten

Die Banalisierung der Sexualität gehört zu den hauptsächlichen Faktoren, in denen die Verachtung des vorgeburtlichen Lebens ihren Ursprung hat: Nur eine echte Liebe vermag das Leben zu hüten.

Enzyklika Evangelium Vitae am 25. März 1995

Der Mensch ist kein Bio-Material

Wenn der unabhängig von Geist und Denken betrachtete menschliche Körper als Material wie der Körper von Tieren verwendet wird – und das geschieht zum Beispiel bei den Manipulationen an Embryonen und Föten –, gehen wir unausweichlich einer schrecklichen ethischen Niederlage entgegen.

Brief an die Familien am 2. Februar 1994

Verantwortete Bevölkerungspolitik

Die staatlichen Behörden haben gewiss die Verantwortung, mit Initiativen »auf das Bevölkerungswachstum einzuwirken«; aber solche Initiativen müssen immer die vorrangige und unveräußerliche Verantwortlichkeit der Ehegatten und der Familien voraussetzen und respektieren und dürfen nicht Methoden anwenden, die die Person und ihre Grundrechte missachten, angefangen bei dem Recht jedes unschuldigen menschlichen Geschöpfes auf Leben. Es ist daher sittlich unannehmbar, dass man wegen der Geburtenregelung zur Anwendung von Mitteln wie Empfängnisverhütung, Sterilisation und Abtreibung ermutigt, ja sie sogar auferlegt.

Enzyklika Evangelium Vitae am 25. März 1995

Sterbebegleitung als Aufgabe von Christen

Der sterbende Mensch will keine Tablette, um dann alleingelassen zu werden, sondern echte Hoffnung, menschliche Nähe und eine haltende Hand. Ermuntert eure Gläubigen, diese wirklich christliche Aufgabe wahrzunehmen. Denn die Würde des Menschen ist unantastbar.

Ansprache an die Bischöfe aus Südwestdeutschland

am 19. Dezember 1992

Voraussetzung jedes Friedens ist der Dialog: Staats- und Parteichef der Sowjetunion, Michail Gorbatschow, mit Papst Johannes Paul II. am 18. November 1990 in Rom

Grundlagen des Friedens

Der Friede, liebe Brüder und Schwestern, ist das dringende Hauptanliegen unserer Tage. Mehr denn je ist eine gemeinsame Anstrengung guten Willens erforderlich, um dem Wahn der Waffen Einhalt zu gebieten. Der Friede beschränkt sich jedoch nicht auf das Schweigen der Kanonen. Er besteht wesentlich in Gerechtigkeit und Freiheit. Er bedarf einer Atmosphäre des Geistes, die reich ist an einigen grundlegenden Elementen wie dem Sinn für Gott, der Freude am Schönen, der Liebe zur Wahrheit, der Entscheidung zur Solidarität, der Fähigkeit zur Zärtlichkeit, dem Mut zum Verzeihen.

ANGELUS IN CASTEL GANDOLFO AM 27. AUGUST 1995

Völkerrechtsverletzungen rächen sich
Friede und Wohlergehen sind Güter, die dem ganzen Menschengeschlecht gehören. Es ist nicht möglich, sie zu Recht und auf Dauer zu genießen, wenn sie zum Schaden anderer Völker und Nationen gewonnen und bewahrt werden, indem sie ihre Rechte verletzen oder sie von den Quellen des Wohlstandes ausschließen.

Enzyklika Centesimus Annus am 1. März 1991

Das Leid der Vertriebenen und Flüchtlinge
Eine der bittersten Folgen der Kriege und der wirtschaftlichen Schwierigkeiten ist das traurige Phänomen der Flüchtlinge und Vertriebenen, eine Erscheinung, die (…) tragische Dimensionen erreicht hat. Die ideale Lösung besteht in der Wiederherstellung eines gerechten Friedens, in der Versöhnung und in der wirtschaftlichen Entwicklung. Es ist daher dringend notwendig, dass die nationalen, regionalen und internationalen Organisationen die Probleme der Flüchtlinge und Vertriebenen auf gerechte und dauerhafte Weise lösen.

Nachsynodales Apostolisches Schreiben Ecclesia in Africa
am 14. September 1995

Zuerst der Dialog, dann der Friede
Sich auf einen echten Dialog einlassen, der seine Wurzeln in aufrichtiger Liebe zur Wahrheit und in Offenheit gegenüber allen Gliedern der Menschheitsfamilie hat, das bleibt der erste und unerlässliche Weg zu der Versöhnung und dem Frieden, deren die Welt bedarf.

Arbeitstagung des »Internationalen Katholisch-Jüdischen
Verbindungskomitees« am 26. März 1998

Gegen den Missbrauch von Religion

Religion kann missbraucht werden, und es ist sicherlich Pflicht der religiösen Führungskräfte, sie davor in Schutz zu nehmen. Vor allem immer dann, wenn im Namen von Religion Gewalt angewendet wird, müssen wir jedermann klarmachen, dass es sich in diesen Fällen nicht um wahre Religion handelt. Denn der Allmächtige kann nie die Zerstörung des eigenen Bildes in seinen Kindern zulassen.

Treffen mit Muslimführern in Abuja, Nigeria

am 22. März 1998

Freiheit und Wahrheit

Das Erkennen von Gut und Böse

Der Mensch kann das Gute und das Böse erkennen dank jener Unterscheidung von Gut und Böse, die er selbst mit Hilfe seiner Vernunft vornimmt, besonders der von der göttlichen Offenbarung und vom Glauben erleuchteten Vernunft, kraft des Gesetzes, das Gott dem auserwählten Volk, angefangen von den Geboten vom Sinai, geschenkt hat.

Enzyklika Veritatis Splendor

am 6. August 1993

Freiheit ist kein Selbstzweck

In unserer Zeit ist man mitunter der irrtümlichen Meinung, dass die Freiheit Selbstzweck sei, dass jeder Mensch dann frei sei, wenn er die Freiheit gebraucht, wie er will, und dass man im Leben der Einzelnen und der Gesellschaft nach einer solchen Freiheit streben solle. Die Freiheit ist jedoch nur dann ein großes Geschenk, wenn wir es verstehen, sie bewusst für all das einzusetzen, was das wahre Gute ist. Christus lehrt uns,

Keine Freiheit ohne Wahrheit: Johannes Paul II. am 7. September 1993 am
Er gedachte all derer, die in Konzentrationslager verschleppt, nach Sibirien v

er Kreuze« in Siauliai, dem Symbol des litauischen Unabhängigkeitsstrebens.
oder zum Tode verurteilt wurden.

*dass der beste Gebrauch der Freiheit die Liebe ist, die sich in
der Hingabe und im Dienst verwirklicht.*

ENZYKLIKA REDEMPTORIS HOMINIS AM 4. MÄRZ 1979

Voraussetzung der Freiheit

*Der Mensch, der sich nur oder vorwiegend um das Haben und
den Genuss kümmert, der nicht mehr fähig ist, seine Triebe
und Leidenschaften zu beherrschen und sie im Gehorsam gegenüber der Wahrheit unterzuordnen, kann nicht frei sein.
Der Gehorsam gegenüber der Wahrheit über Gott und über
den Menschen ist die erste Voraussetzung der Freiheit, da er
ihm erlaubt, seine Bedürfnisse, seine Wünsche und die Art
und Weise ihrer Befriedigung einer rechten Hierarchie ent-*

Wenn die Menschen nicht mehr zu uns finden, müssen wir sie aufsuchen: Papst Johannes Paul II. küsst am 22.11.1986 den Boden auf
dem Rollfeld des Flughafens von Suva auf den Fidschi-Inseln

sprechend zu ordnen, so dass der Besitz der Dinge für ihn ein Mittel zum Wachstum ist.

ENZYKLIKA CENTESIMUS ANNUS AM 1. MÄRZ 1991

Freiheit kann erdrücken

Es fehlt nicht an solchen, die von ihrer Freiheit erdrückt werden, und zwar werden sie das dann, wenn nichts da ist, das ihre Freiheit wirklich leiten kann. Sie darf keine blinde, den Instinkten überlassene Kraft sein. Die Freiheit muss von der Wahrheit geleitet sein.

TREFFEN MIT RÖMISCHEN JUGENDLICHEN

AM 20. MÄRZ 1997

Die Kirche

Kirche und Judentum

Als Bischof von Rom und Nachfolger des Apostels Petrus versichere ich dem jüdischen Volk, dass die Katholische Kirche … zutiefst betrübt ist über den Hass, die Taten von Verfolgungen und die antisemitischen Ausschreitungen von Christen gegen die Juden, zu welcher Zeit auch immer (…). Lasst uns eine neue Zukunft aufbauen, in der es keine antijüdischen Gefühle seitens der Christen und keine antichristlichen Empfindungen seitens der Juden mehr geben wird, sondern vielmehr die gegenseitige Achtung, wie sie jenen zukommt, die den einen Schöpfer und Herrn anbeten und auf Abraham als ihren gemeinsamen Vater im Glauben schauen.

STUNDE DER ERINNERUNG IN DER GEDENKSTÄTTE YAD VASHEM

IN JERUSALEM AM 23. MÄRZ 2000

Option für die Armen

Die Kirche muss sich um alle Menschen kümmern, vor allem um jene, die am Rande der Gesellschaft leben. Ich fordere also die Christen auf, sich immer mehr in den Dienst ihrer Brüder und Schwestern zu stellen. Außerdem sollen sie bereit sein zum rechten Beistand für jeden Menschen durch ihren Einsatz auf allen Gebieten des Soziallebens, mit einem großen Sinn für Rechtschaffenheit, den jeder, der zur Teilnahme an der Verwaltung des Gemeinwohls berufen ist, besitzen muss.

Ad-Limina-Besuch der Bischöfe von Belgien
am 7. November 1997

Verkündigung heute

Da die Gabe des Glaubens ihrer Natur nach für die ganze Menschheit bestimmt ist, ist es erforderlich, sie in alle Kulturen zu übersetzen. Denn das Element, das über die Gemeinschaft in der Wahrheit entscheidet, ist die Bedeutung der Wahrheit. Die Ausdrucksform der Wahrheit kann vielgestaltig sein. Und die Erneuerung der Ausdrucksformen erweist sich als notwendig, um die Botschaft vom Evangelium in ihrer unwandelbaren Bedeutung an den heutigen Menschen weiterzugeben.

Enzyklika Ut unum sint am 25. Mai 1995

Eine neue Missionssituation

Wenn heute manche Menschen nicht mehr zur Kirche finden, muss die Kirche sie aufsuchen. Wir müssen uns auch um diejenigen kümmern, die nur noch selten oder gar nicht mehr bei uns sind. Die Pastoral in unseren modernen Industriestaaten muss heute von Grund auf missionarisch sein. Wir dürfen uns nicht mit der kleinen Herde besonders Getreuer

44

begnügen, sondern müssen immer wieder alle einladen und um sie werben.

AD-LIMINA-BESUCH DER DEUTSCHEN BISCHÖFE IM JANUAR 1988

Unverkürzte Verkündigung

Je mehr heute in Staat und Gesellschaft sittliche Grundwerte und Verhaltensweisen in Frage gestellt werden, umso deutlicher und mutiger muss den Menschen, allen voran den Christen selbst, die Botschaft Christi unverkürzt verkündet und ihnen Gottes heiliger Wille als letztgültige Norm des sittlichen Handelns erneut in Erinnerung gebracht werden.

PREDIGTEN UND ANSPRACHEN BEIM 2. PASTORALBESUCH IN DEUTSCHLAND VOM 30. APRIL BIS 4. MAI 1987

Ohne Wahrheitsliebe keine Ökumene

Die Wahrheitsliebe ist die tiefste Dimension einer glaubwürdigen Suche nach der vollen Gemeinschaft der Christen. Ohne diese Liebe wäre es unmöglich, sich den objektiven theologischen, kulturellen, psychologischen und sozialen Schwierigkeiten zu stellen, denen man bei der Untersuchung der Gegensätze begegnet. Zu dieser inneren, persönlichen Dimension muss untrennbar der Geist der Liebe und Demut hinzukommen. Liebe gegenüber dem Gesprächspartner, Demut gegenüber der Wahrheit, die man entdeckt und die Revisionen von Aussagen und Haltungen erforderlich machen könnte.

ENZYKLIKA UT UNUM SINT AM 25. MAI 1995

Als Brüder im Glauben handeln

Wenn uns bewusst ist, dass wir Brüder sind, sollen wir uns auch als Brüder beurteilen, selbst im Falle von Uneinigkeit; wir sind aufgefordert, uns unter den verschiedenen Umständen, wo wir uns durch unser persönliches und gemeinschaft-

Als Brüder im Glauben handeln: Papst Johannes Paul II. (M) und der orthodoxe Patriarch Dimitrios I. begrüßen sich in der Patriarchatskirche in Istanbul mit einer Umarmung

liches Leben treffen, als Brüder zu behandeln. In diesem Bereich ist ständiger Fortschritt notwendig. Wir können uns nicht mit Zwischenetappen begnügen, die vielleicht erforderlich, aber auf dem spirituellen und kirchlichen Weg, auf dem wir uns befinden, immer unzureichend sind.

Vollversammlung des Päpstlichen Rates zur Förderung der Einheit der Christen am 19. Februar 1998

Die Menschenrechte

Gott und die Größe des Menschen

Man kann den Menschen nicht von Gott trennen, ohne den Menschen zu schmälern. Wer sich von Gott entfernt, läuft Gefahr, den Grund zur Achtung seines eigenen und des Lebens der anderen zu verlieren. Gott will den Menschen nicht unterdrücken; er ist sein Freund, er garantiert seine Größe und seine Freiheit, er steht den Armen und Schwachen bei.

Ansprache in Luxemburg am 15. Mai 1985

Vorrangige Menschenrechte

Unter den vorrangigsten Rechten sind zu erwähnen: das Recht auf Leben, zu dem wesentlich das Recht gehört, nach der Zeugung im Mutterschoß heranzuwachsen; das Recht, in einer geeinten Familie und in einem sittlichen Milieu zu leben, das für die Entwicklung und Entfaltung der eigenen Persönlichkeit geeignet ist; das Recht, seinen Verstand und seine Freiheit in der Suche und Erkenntnis der Wahrheit zur Reife zu bringen; das Recht, an der Arbeit zur Erschließung der Güter der Erde teilzunehmen und daraus den Lebensunterhalt für sich und die Seinen zu gewinnen; das Recht auf freie Gründung einer Familie und auf Empfang und Erziehung der Kinder durch verantwortungsvollen Gebrauch der eigenen Sexualität. Quelle und Synthese dieser Rechte ist in gewissem Sinne die Religionsfreiheit, verstanden als Recht, in der Wahrheit des eigenen Glaubens und in Übereinstimmung mit der transzendenten Würde der eigenen Person zu leben.

Enzyklika Centesimus Annus am 1. Mai 1991

Der Vorrang des Menschen vor den Dingen

Man muss den Primat des Menschen im Produktionsprozess, den Primat des Menschen gegenüber den Dingen unterstreichen und herausstellen. Alles, was der Begriff »Kapital« – im engeren Sinn – umfasst, ist nur eine Summe von Dingen. Der Mensch als Subjekt der Arbeit und unabhängig von der Arbeit, die er verrichtet, der Mensch, und er allein, ist Person.

Enzyklika Laborem exercens am 14. September 1981

Das Leid und die Liebe

Der Sinn des Leidens
Das Leiden soll der Bekehrung dienen, das heißt der Wiederherstellung des Guten im Menschen, der in diesem Ruf zur Buße die göttliche Barmherzigkeit erkennen kann. Die Buße hat zum Ziel, das Böse zu überwinden, das im Menschen steckt, und das Gute in ihm selbst wie auch in den Beziehungen zu den Mitmenschen und vor allem zu Gott zu festigen.

Apostolisches Schreiben Salvifici Doloris am 11. Februar 1984

Leid ruft nach Solidarität
Die christliche Dimension des Leides beschränkt sich nicht nur auf seine tiefe Bedeutung und seinen erlösenden Charakter. Der Schmerz verlangt nach der Liebe, das heißt, er erzeugt Solidarität, Hingabe und Großherzigkeit bei denen, die leiden müssen, und bei denen, die sich berufen fühlen, die Menschen in ihrem Leid zu begleiten und ihnen in ihrer Pein zu helfen. (…) Die Gleichgültigkeit angesichts des menschlichen Leides, die Passivität angesichts der Ursachen, die das Leid auf der Welt hervorrufen, und die unternommenen Gegenmaßnahmen, die jedoch nicht dazu verhelfen, die Wunden der Menschen und Völker von der Wurzel her zu heilen, sind als schwerwiegende Unterlassungen zu bezeichnen. In Anbetracht dieser Tatsache müssen alle Menschen guten Willens innehalten und den Aufschrei der Leidtragenden hören.

Begegnung mit Kranken in El Rincon, Kuba, am 24. Januar 1998

Ohne Liebe kein Sinn
Der Mensch kann nicht ohne Liebe leben. Er bleibt für sich selbst ein unbegreifliches Wesen; sein Leben ist ohne Sinn,

Nicht passiv sein angesichts des Leids in der Welt: Papst Johannes Paul
II. und Mutter Teresa von Kalkutta, die sich in ihren Sterbehäusern
der Ärmsten der Armen annahm. Am 5. Februar 1992 im Vatikan.

wenn ihm nicht die Liebe geoffenbart wird, wenn er nicht der
Liebe begegnet, wenn er sie nicht erfährt und sich zu eigen
macht, wenn er nicht lebendigen Anteil an ihr erhält.

ENZYKLIKA REDEMPTORIS HOMINIS AM 4. MÄRZ 1979

Eine gerechte Gesellschaft

Das Grundkriterium der Politik
Eine Politik, die auf die Person und auf die Gesellschaft aus-
gerichtet ist, findet ihr Grundkriterium in der Bemühung um

das Allgemeinwohl als Wohl aller Menschen und des ganzen
Menschen, ein Wohl, das der freien und verantwortlichen An-
nahme der Einzelnen und der Gruppen angeboten wird.

Nachsynodales Apostolisches Schreiben Christifideles Laici
am 30. Dezember 1988

Nicht nur vom Nutzwert her denken

Der Utilitarismus ist eine »Zivilisation« der Produktion und
des Genusses, eine Zivilisation der Dinge und nicht der »Personen«, eine Zivilisation, in der von »Personen« wie von
»Dingen« Gebrauch gemacht wird. Im Zusammenhang mit
der Zivilisation des Genusses kann die Frau für den Mann zu
einem Objekt werden, die Kinder zu einem Hindernis für die
Eltern, die Familie zu einer hemmenden Einrichtung für die
Freiheit der Mitglieder, die sie bilden.

Brief an die Familien am 2. Februar 1994

Finanzielle Anerkennung der Mutterschaft

Die Mutterschaft und all das, was sie an Mühen mit sich
bringt, muss auch eine ökonomische Anerkennung erhalten,
die wenigstens der anderer Arbeiten entspricht, von denen die
Erhaltung der Familie in einer derart heiklen Phase ihrer Existenz abhängt.

Brief an die Familien am 2. Februar 1994

Für einen neuen Generationenvertrag

Die Abschiebung oder gar Ablehnung der alten Menschen ist
unerträglich. Ihre Anwesenheit in der Familie oder wenigstens
die Nähe der Familie zu ihnen, wenn es wegen beengter
Wohnverhältnisse oder aus anderen Gründen keine realen
Alternativen zum Krankenhaus oder Altenheim geben sollte,
sind von grundlegender Bedeutung, um ein Klima gegenseiti-

gen Austausches und bereichernder Kommunikation zwischen den verschiedenen Altersgruppen herzustellen. Es ist deshalb sehr wichtig, dass man eine Art »Vertrag« zwischen den Generationen beibehält bzw. dort, wo er verlorengegangen ist, wiederherstellt, so dass die alten Eltern, wenn sie am Ende ihres Weges angekommen sind, bei den Kindern die Aufnahme und die Solidarität finden können, die sie ihnen ihrerseits entgegengebracht haben, als diese dem Leben entgegengingen.

ENZYKLIKA EVANGELIUM VITAE AM 25. MÄRZ 1995

Schutz der Schwächsten

Kinder sind ein Geschenk

Das Kind kommt und beansprucht Platz, während es auf der Welt immer weniger Platz zu geben scheint. Aber stimmt es wirklich, dass das Kind der Familie und der Gesellschaft nichts bringt? Ist es etwa nicht ein »Teilchen« jenes gemeinsamen Gutes, ohne das die menschlichen Gemeinschaften zerbrechen und Gefahr laufen zu sterben? Wie könnte man das leugnen? Das Kind wird von sich aus zu einem Geschenk für die Geschwister, für die Eltern, für die ganze Familie. Sein Leben wird zum Geschenk für die Geber des Lebens, die nicht umhin können werden, die Anwesenheit des Kindes, seine Teilnahme an ihrer Existenz, seinen Beitrag zu ihrem und zum gemeinsamen Wohl der Familiengemeinschaft wahrzunehmen.

BRIEF AN DIE FAMILIEN AM 2. FEBRUAR 1994

Kein Mensch ist ohne Wert

Wir dürfen nicht der Versuchung verfallen zu denken, der Wert unseres Lebens hänge von greifbaren Erfolgen ab. Kein

51

einziges Menschenleben ist ohne Wert. Im Licht des Lebens
Jesu gewinnen die einfachen Dinge des täglichen Lebens an
Bedeutung: die Arbeit zusammen mit anderen, die Güte derer, die ihren Nächsten helfen, und die Dankbarkeit jener, die
diese Güte erfahren.

Messe mit Behinderten und Kranken in Den Haag

am 13. Mai 1985

Behinderte als Personen behandeln

Jeder einzelne Mensch hat seinen Zweck und sein Ziel in sich
selbst und kann niemals als ein einfaches Mittel benutzt werden, um andere Ziele zu erreichen, auch nicht im Namen des
Wohlstandes und des Fortschrittes der gesamten Gemeinschaft. (…) Wer an einer geistigen Behinderung leidet, trägt,
wie jeder Mensch, immer das Abbild Gottes in sich. Ja, er hat
außerdem immer das unveräußerliche Recht, nicht nur als
Abbild Gottes und daher als Person betrachtet zu werden,
sondern auch als solche behandelt zu werden.

Internationale Konferenz

für die Pastoral im Krankendienst am 30. November 1997

Wer in Not lebt, kann nicht warten

Sowohl an die Christen als auch die Anhänger anderer Religionen und an viele Männer und Frauen guten Willens er-
hebt sich heute der Ruf zu einem einfachen Lebensstil als
Voraussetzung dazu, dass die gerechte Verteilung der Güter
der Schöpfung Gottes Wirklichkeit werden kann. Wer in Not
lebt, kann nicht länger warten: Jetzt braucht er das Lebens-
notwendige und hat deshalb ein Recht darauf, es sofort zu
bekommen.

Botschaft vom 8. Dezember 1997 zur Feier des Weltfriedens-

tages am 1. Januar 1998

Der Papst während seines Besuchs des Indianerdorfes Oaxaca (Mexiko) am 29. Januar 1979

Fremde integrieren

Für die Christen ist die Aufnahme von Fremden und die Solidarität mit ihnen nicht nur Sache der Gastfreundschaft, sondern eine klare Verpflichtung, die sich aus der Treue zur Lehre Christi ergibt. Sorge für Migranten bedeutet für die Gläu-

bigen, dass sie den von weit her gekommenen Brüdern und Schwestern einen Platz in den einzelnen Christengemeinden sichern und sich dafür einsetzen, dass jedem von ihnen die allen Menschen eigenen Rechte zuerkannt werden.

Botschaft zum 84. Welttag der Migranten und Flüchtlinge 1998 am 21. November 1997

Für den Schutz der Schwächsten

Die Kirche muss auch unermüdlich daran erinnern, dass jede Person beschützt werden muss, und besonders die Kinder, die schwach und wehrlos sind und deshalb oft zur Zielscheibe perverser Erwachsener werden, die die jungen Menschen tief und dauerhaft verletzen, nur um ihren Trieben freien Lauf zu lassen.

Ad-Limina-Besuch der Bischöfe von Belgien am 7. November 1997

Sexuelle Gewalt

Es ist an der Zeit, die Formen sexueller Gewalt, deren Objekt nicht selten die Frauen sind, nachdrücklich zu verurteilen und geeignete gesetzliche Mittel zur Verteidigung hervorzubringen. Im Namen der Achtung der menschlichen Person müssen wir außerdem Anklage erheben gegen die verbreitete, von Genusssucht und Geschäftsgeist bestimmte Kultur, die die systematische Ausbeutung der Sexualität fördert, indem sie auch Mädchen im jungen Alter dazu anhält, in die Fänge der Korruption zu geraten und sich für die Vermarktung ihres Körpers herzugeben.

Brief an die Frauen am 29. Juni 1995

Die Rechte der Frauen

Frau und Arbeit
Die wahre Aufwertung der Frau erfordert eine Arbeitsord-
nung, die so strukturiert ist, dass sie diese Aufwertung nicht
mit dem Aufgeben ihrer Eigenheit bezahlen muss, zum Scha-
den der Familie, wo ihr als Mutter eine unersetzliche Rolle
zukommt.

Enzyklika Laborem exercens am 14. September 1981

Anerkennung für Mütter
Zweifellos rechtfertigen die gleiche Würde und Verantwort-
lichkeit von Mann und Frau voll den Zugang der Frau zu
öffentlichen Aufgaben. Andererseits verlangt die wirkliche
Förderung der Frau auch, dass der Wert ihrer mütterlichen
und familiären Aufgabe im Vergleich mit allen öffentlichen
Aufgaben und allen anderen Berufen klare Anerkennung fin-
det. Übrigens müssen solche Aufgaben und Berufe sich gegen-
seitig integrieren, soll die gesellschaftliche und kulturelle Ent-
wicklung wahrhaft und voll menschlich sein.

Apostolisches Schreiben Familiaris Consortio,
am 22. November 1981

Ein falsches Frauenbild
Wie viele Frauen wurden und werden noch immer mehr nach
dem physischen Aussehen bewertet als nach ihrer Sachkennt-
nis, ihrer beruflichen Leistung, nach den Werken ihrer Intel-
ligenz, nach dem Reichtum ihrer Sensibilität und schließlich
nach der ihrem Sein und Wesen eigenen Würde!

Brief an die Frauen am 29. Juni 1995

Gleiche Rechte für Mann und Frau
Es ist dringend geboten, überall die tatsächliche Gleichheit der
Rechte der menschlichen Person zu erreichen, und das heißt
gleichen Lohn für gleiche Arbeit, Schutz der berufstätigen
Mutter, gerechtes Vorankommen in der Berufslaufbahn,
Gleichheit der Eheleute im Familienrecht und die Anerken-
nung von allem, was mit den Rechten und Pflichten des
Staatsbürgers in einer Demokratie zusammenhängt.

Brief an die Frauen am 29. Juni 1995

Nicht Objekt des Mannes
Die eheliche Vereinigung verlangt die Achtung und die Ver-
vollkommnung des echten personalen Subjektseins beider. Die
Frau darf nicht zum »Objekt« männlicher »Herrschaft« und
männlichen »Besitzes« werden.

Apostolisches Schreiben Mulieris Dignitatem
am 15. August 1988

Ehe und Familie

Ein Nehmen und Geben
Liebe und Leben bilden den Wesenskern der Heilssendung
der christlichen Familie in der Kirche und für die Kirche. Sie
hat entscheidend als Ort der Erziehung aufzutreten. Ver-
nachlässigt als Eltern die Kinder nicht! Und kümmert euch
um eure Eltern, vor allem wenn sie alt und gebrechlich
werden!

Ansprache beim dritten Pastoralbesuch in Deutschland
vom 21. bis 23. Juni 1996

Die Treue leben

Den unschätzbaren Wert der Unauflöslichkeit und der ehelichen Treue zu bezeugen ist eine der wichtigsten und dringendsten Pflichten der christlichen Ehepaare in unserer Zeit.

Apostolisches Schreiben Familiaris Consortio

am 22. November 1981

Keuschheit dient der Liebe

In christlicher Sicht besagt Keuschheit keineswegs eine Verdrängung oder Missachtung der menschlichen Geschlechtlichkeit; sie bedeutet vielmehr eine geistige Kraft, die die Liebe gegen die Gefahren von Egoismus und Aggressivität zu schützen und zu ihrer vollen Entfaltung zu führen versteht.

Apostolisches Schreiben Familiaris Consortio

am 22. November 1981

Verzicht

Ein rücksichtsloses Streben nach Macht und Reichtum, ein ungezügeltes Geltungsbedürfnis und ein unkontrollierter Umgang mit der menschlichen Sexualität werden dem heutigen Menschen zunehmend zum Verhängnis und zum sittlichen Ruin. (…) Verzicht und Geduld, Reifenlassen und Standfestigkeit dürfen nicht zu Fremdwörtern in unserem täglichen Leben werden, besonders auch nicht in der Gestaltung der menschlichen Sexualität.

Ad-Limina-Besuch der deutschen Bischöfe im Januar 1988

Familie und Kultur des Lebens

Die Familie muss wieder als das Heiligtum des Lebens angesehen werden. Sie ist in der Tat heilig: Sie ist der Ort, an dem das Leben, Gabe Gottes, in angemessener Weise angenommen und gegen die vielfältigen Angriffe, denen es ausgesetzt ist, geschützt wird und wo es sich entsprechend den Forderungen eines echten menschlichen Wachstums entfalten kann. Gegen die sogenannte Kultur des Todes stellt die Familie den Sitz der Kultur des Lebens dar.

Enzyklika Centesimus Annus am 1. Mai 1991

Ein Ort der Liebe

Die auf die Liebe gegründete und durch die Liebe lebendig erhaltene Familie ist der Ort, an dem jeder Mensch berufen ist, jene Liebe zu erfahren, sich zu eigen zu machen und mitzuteilen, ohne die kein Mensch leben kann und ohne die sein Leben ohne Sinn wäre.

Begegnung mit Bischöfen und Pastoraltheologen
in Rio de Janeiro am 3. Oktober 1997

Hort der Werte

Um die Werte, die dem Leben Sinn geben, in sich aufnehmen zu können, ist es für die jungen Generationen notwendig, in der von Gott selbst für Mann und Frau gewollten Lebens- und Liebesgemeinschaft geboren zu werden und aufzuwachsen, in der »Hauskirche«, welche die zur harmonischen Entwicklung jedes neuen Erdenbürgers vorgesehene göttlich-menschliche Architektur bildet. (…) Wer die Familie fördert, fördert den Menschen; wer sie angreift, greift den Menschen an. Mit der Familie und dem Leben stehen heute grundlegende Herausforderungen auf dem Spiel, wobei es mit um die Würde des Menschen selbst geht.

Generalaudienz am 8. Oktober 1997

Kinder in Liebe annehmen

Eine Gesellschaft, die sich nicht um die Kinder kümmert, ist unmenschlich und verantwortungslos. Familien, die die eige-

Kinder sind ein Geschenk: Papst Johannes Paul II. am 16.7.2003 bei der Generalaudienz in seiner Sommerresidenz Castel Gandolfo

nen Kinder nicht umfassend erziehen oder gar sich selbst überlassen, begehen schweres Unrecht, für das sie vor dem Richterstuhl Gottes werden Rechenschaft ablegen müssen. (...) Nehmt eure Kinder in verantwortlicher Liebe an; beschützt sie wie ein Geschenk Gottes, und zwar vom Zeitpunkt der Empfängnis an, in dem das Menschenleben im Mutterschoß entsteht; das abscheuliche Verbrechen der Abtreibung, diese Schande der Menschheit, darf das ungeborene Leben nicht zur ungerechtesten aller Hinrichtungen verdammen: die der unschuldigsten aller Menschen.

ZWEITES WELTTREFFEN DER FAMILIEN IN RIO DE JANEIRO

AM 4. OKTOBER 1997

Gerechte Wirtschaftsordnung

Wirtschaft und Verantwortung

Wenn der Mensch Gefahr läuft, als Objekt betrachtet zu werden, das man nach eigenem Ermessen verwandeln oder beherrschen kann, wenn man in ihm nicht mehr das Abbild Gottes erkennt, wenn die Fähigkeit zur Aufopferung und Liebe wissentlich verschleiert wird, wenn Egoismus und Profitdenken zur vorrangigen Motivation des Wirtschaftslebens werden, dann ist alles möglich, und dann sind wir nicht weit von der Barbarei entfernt.

Empfang für das beim Hl. Stuhl akkreditierte Diplomatische Korps am 10. Januar 1998

Die soziale Dimension des Eigentums

Nach dem Plan Gottes stehen die Güter der Erde allen Menschen und jedem einzelnen Menschen als Mittel für die Entwicklung einer wahrhaft menschlichen Existenz zur Ver-

Johannes Paul II. und Lech Wałęsa, der frühere Elektriker und Gewerkschaftsführer der Solidarność, am 8. Juni 1991. Der Papst unterstützte die Arbeiter Polens in ihrem Kampf um Freiheit und eine gerechte Wirtschaftsordnung.

fügung. Das Privateigentum steht im Dienst dieses Prinzips und kennt darum gerade aus diesem Grund eine wesenhafte soziale Dimension.

Nachsynodales Apostolisches Schreiben Christifideles Laici am 30. Dezember 1988

Ungerechtes Eigentum

Das Eigentum an Produktionsmitteln sowohl im industriellen wie im landwirtschaftlichen Bereich ist gerechtfertigt, wenn es einer nutzbringenden Arbeit dient. Es wird hingegen rechtswidrig, wenn es nicht produktiv eingesetzt wird oder dazu dient, die Arbeit anderer zu behindern, um einen Gewinn zu erzielen, der nicht aus der Gesamtausweitung der Arbeit und des gesellschaftlichen Reichtums erwächst, sondern aus ihrer Unterdrückung, aus der unzulässigen Ausbeutung, aus der Spekulation und aus dem Zerbrechen der Solidarität in der Welt der Arbeit.

Enzyklika Centesimus Annus am 1. Mai 1991

Option für die Armen

Die Kirche ist sich heute mehr denn je dessen bewusst, dass ihre soziale Botschaft mehr im Zeugnis der Werke als in ihrer inneren Folgerichtigkeit und Logik Glaubwürdigkeit finden wird. Auch aus diesem Bewusstsein stammt ihre vorrangige Option für die Armen, die nie andere Gruppen ausschließt oder diskriminiert. Es handelt sich um eine Option, die nicht nur für die materielle Armut gilt, da bekanntlich besonders in der modernen Gesellschaft viele Formen nicht bloß wirtschaftlicher, sondern auch kultureller oder religiöser Armut anzutreffen sind.

Enzyklika Centesimus Annus am 1. Mai 1991

Arbeit als Grundrecht

Die tragische und oft ungerechte Lage derjenigen, die keine
Arbeit finden oder sie verloren haben, muss eine wesentliche
Sorge bei der Suche nach leistungsfähigeren Wirtschafts- und
Produktionssystemen sein. Gleichzeitig können wir nicht jene
Methoden ignorieren, durch die, aufgrund eines sich über
jeden moralischen Wert hinwegsetzenden Wirtschaftsdenkens,
menschliche Arbeit in einigen Teilen der Welt auf schamlose
Art und Weise ausgebeutet wird. (…) In dem dynamischen
und sich wandelnden Kontext der heutigen Wirtschaft muss
das Recht auf Arbeit als Grundrecht bestätigt werden, entsprechend der grundlegenden Verpflichtung des Menschen,
sich und seine Familie zu erhalten. Hier geht es nicht um das
bloße Existenzrecht, sondern vielmehr um die Möglichkeit der
Selbstverwirklichung des arbeitenden Menschen und seine ak-
tive Rolle in den Gemeinschaften, denen er angehört.

Internationales Treffen für Gewerkschaftsvertreter

auf Einladung des Päpstlichen Rates für Gerechtigkeit

und Frieden am 2. Dezember 1996

Unterstützung der Arbeitslosen

Die Pflicht der Hilfeleistung für die Arbeitslosen, das heißt die
Verpflichtung, den beschäftigungslosen Arbeitnehmern und
ihren Familien durch die dazu nötige entsprechende Unter-
stützung den Lebensunterhalt zu sichern, entspringt dem
Grundprinzip der für diesen Bereich gültigen sittlichen Ord-
nung, nämlich dem Prinzip der gemeinsamen Nutznießung
der Güter oder, anders und einfacher ausgedrückt, dem Recht
auf Leben und Unterhalt.

Enzyklika Laborem exercens am 14. September 1981

Ungerechte Arbeitsverfassung
Unverschuldete Arbeitslosigkeit wird zum gesellschaftlichen
Skandal, wenn die zur Verfügung stehende Arbeit nicht gerecht verteilt und der Ertrag der Arbeit nicht auch dazu ver-
wandt wird, neue Arbeit für möglichst alle zu schaffen.

Ansprache beim zweiten Pastoralbesuch in Deutschland

vom 30. April bis 4. Mai 1987

Nicht nur Marktmechanismen vertrauen
An der gerechten Verteilung menschlicher Arbeit wird bereits
die große Verantwortung der Entscheidungsträger in Staat
und Wirtschaft deutlich. Sie dürfen die Arbeitslosigkeit nicht
einfach hinnehmen oder ihr Vertrauen allein auf den Markt-
mechanismus setzen.

Ansprache beim zweiten Pastoralbesuch in Deutschland

vom 30. April bis 4. Mai 1987

Der Sinn der Arbeit
Der Mensch muss arbeiten, einmal weil es ihm der Schöpfer
aufgetragen hat, dann wegen seiner Menschennatur, für deren Erhaltung und Entwicklung die Arbeit erforderlich ist.
Der Mensch schuldet die Arbeit auch seinen Mitmenschen,
insbesondere seiner Familie, aber auch der Gesellschaft, der er
angehört, der Nation, deren Sohn oder Tochter er ist, der ganzen Menschheitsfamilie, deren Glied er ist: Erbe der Arbeit
von Generationen und zugleich Mitgestalter der Zukunft derer, die im Ablauf der Geschichte nach ihm kommen werden.

Enzyklika Laborem exercens am 14. September 1981

Gastarbeit
Der Mensch hat das Recht, seine Heimat aus verschiedenen
Gründen zu verlassen – wie auch dorthin zurückzukehren –

Papst Johannes Paul II. besuchte am 26.11.1986 eine Produktions-
anlage in Sydney

und in einem anderen Land bessere Lebensbedingungen zu
suchen. (...) Das Wichtigste ist, dass der Mensch, der als
ständiger Emigrant oder auch als Saisonarbeiter außerhalb sei-

nes Heimatlandes arbeitet, im Bereich der Arbeitnehmerrechte gegenüber den anderen Arbeitern aus dem Gastland selbst nicht benachteiligt wird.

Enzyklika Laborem exercens am 14. September 1981

Der gerechte Lohn

Es ist auch hervorzuheben, dass die Gerechtigkeit eines sozioökonomischen Systems und auf jeden Fall sein rechtes Funktionieren letzten Endes nach der Art und Weise einzuschätzen sind, wie in jenem System die menschliche Arbeit ihre angemessene Entlohnung findet. (…) Die gerechte Entlohnung für die Arbeit eines Erwachsenen, der Verantwortung für eine Familie trägt, muss dafür ausreichen, eine Familie zu gründen, angemessen zu unterhalten und für die Zukunft zu sichern.

Enzyklika Laborem exercens am 14. September 1981

Forschung und Wissenschaft

Wertneutraler Forschung ist zu misstrauen

Die Kirche misstraut nicht der menschlichen Vernunft, die in der von Gott geschaffenen Natur die Spuren Gottes und seine Sinngebung entdecken kann. Sie ermutigt alle Wissenschaftler zu redlichem, sachgerechtem Forschen. Aber um desselben Menschen willen muss sie auch auf die Gefahren hinweisen, die sich aus einer sogenannten wertneutralen, ethisch abstinenten Forschung und Anwendung ergeben.

Ansprache beim zweiten Pastoralbesuch in Deutschland vom 30. April bis 4. Mai 1987

Gefahren der Biotechnologie

Unser modernes Zeitalter (…) tendiert dazu, nach Wissen zu streben (…), um die Macht über die Dinge zu steigern. Wissen und Können verflechten sich mehr und mehr in einer Logik, die den Menschen zu seinem eigenen Gefangenen machen kann. Im Fall der Erforschung des menschlichen Genoms könnte diese Logik dazu führen, in die innere Struktur des menschlichen Lebens selbst einzugreifen mit der Aussicht, den Körper, und letzten Endes die Person und die zukünftigen Generationen, zu unterwerfen, auszuwählen und zu manipulieren. (…) Daher ist jede Art von Manipulierung des Genoms, die sich gegen das Wohl der menschlichen Person als körperlich-geistige Einheit richtet, unzulässig; ebenso unzulässig ist die Diskriminierung menschlicher Wesen aufgrund eventueller vor oder nach der Geburt auftretender genetischer Schäden.

Vierte Generalversammlung der Päpstlichen Akademie für das Leben am 24. Februar 1998

Technologische Macht

Die Wachsamkeit aller angesichts der Zusammenballung der Macht, insbesondere der technologischen Macht, ist heute dringend notwendig. Denn diese tendiert dazu, nicht nur die biologische Natur, sondern auch die Inhalte des menschlichen Gewissens selbst und die Lebensentwürfe der Menschen zu manipulieren und so die Diskriminierung und Marginalisierung ganzer Völker zu vergrößern.

Nachsynodales Apostolisches Schreiben Christfideles Laici am 30. Dezember 1988

Massenmedien

Medienkontrolle

Gebrauch und Aufnahme der Kommunikationsmittel verlangen nach einer Erziehung zum kritischen, von der Liebe zur Wahrheit getragenen Sinn und einer umfassenden Verteidigung der Freiheit, der Ehrfurcht vor der personalen Würde, der Festigung der wahren Kultur der Völker durch die entschiedene und mutige Ablehnung jeder Form von Monopolisierung und Manipulierung.

Nachsynodales Apostolisches Schreiben Christifideles Laici am 30. Dezember 1988

Gegen Gewalt und Unmoral

Leider muss man feststellen, dass die Erziehung zur Achtung vor der Würde der Person, die nach Gottes Bild erschaffen ist, ganz sicher nicht gefördert wird durch Darbietungen von Gewalt und Unmoral, wie sie die sozialen Kommunikationsmittel allzu oft verbreiten: Das sich heranbildende Gewissen junger Menschen wird dabei verunsichert und der moralische Sinn der Erwachsenen abgestumpft.

Apostolisches Schreiben zum 50. Jahrestag des Beginns des Zweiten Weltkrieges am 27. August 1989

Umwelt und Globalisierung

Verantwortung für zukünftige Generationen

Der Mensch, der berufen wurde, den Garten der Welt zu bebauen und zu hüten (vgl. Gen 2,15), hat eine besondere Verantwortung für die Lebensumwelt, das heißt für die Schöpfung, die Gott in den Dienst seiner personalen Würde, seines

Bei seinem Besuch in Ars, Frankreich, am 6. Oktober 1986 hob Papst
Johannes Paul II. ein drei Wochen altes Baby hoch

*Lebens gestellt hat: Verantwortung nicht nur in Bezug auf
die gegenwärtige Menschheit, sondern auch auf die künftigen
Generationen.*

Enzyklika Evangelium Vitae am 25. März 1995, zit. nach
Verlautbarungen 120, Nr. 42

Die Umwelt schützen

*Der Mensch scheint oft keine andere Bedeutung seiner na-
türlichen Umwelt wahrzunehmen als allein jene, die den
Zwecken eines unmittelbaren Gebrauchs und Verbrauchs
dient. Dagegen war es der Wille des Schöpfers, dass der
Mensch der Natur als »Herr« und besonnener und weiser*

»Hüter« und nicht als »Ausbeuter« und skrupelloser »Zerstörer« gegenübertritt.

Enzyklika Redemptoris Hominis am 4. März 1979

Gegen den radikalen Kapitalismus

Es darf nicht eine Welt entstehen, die erneut von einer »radikalen kapitalistischen Ideologie« (Centesimus Annus, 42) geprägt werden könnte. Die Welt hofft auf ein Miteinander der Nationen und Staaten, das die Lebensrechte aller Menschen respektiert und ihre Entwicklung fördert. Besonders für die reichen Länder bedeutet dies: teilen zu lernen und den benachteiligten Völkern nicht nur zu helfen, sondern sie als Partner zuzulassen und anzunehmen.

Predigten und Ansprachen beim dritten Pastoralbesuch in Deutschland vom 21. bis 23. Juni 1996

Gegen Korruption und Verschwendung

Die Regierungen haben insbesondere die unabdingbare Pflicht, das gemeinsame Vermögen gegen jede Form von Verschwendung und widerrechtlicher Aneignung durch Staatsbürger ohne jeden Gemeinsinn oder durch skrupellose Ausländer zu schützen. Den Regierungen obliegt es auch, geeignete Initiativen zu ergreifen, um die internationalen Handelsbedingungen zu verbessern.

Nachsynodales Apostolisches Schreiben Ecclesia in Africa am 14. September 1995

Nicht nur vom Überfluss abgeben

Es geht ja nicht bloß darum, vom Überfluss abzugeben, sondern ganzen Völkern den Zugang in den Kreis der wirtschaftlichen und menschlichen Entwicklung zu eröffnen, von dem sie ausgeschlossen oder ausgegrenzt sind. Dafür genügt es

nicht, aus dem Überfluss zu geben, den unsere Welt reichlich
produziert. Dazu müssen sich vor allem die Lebensweisen, die
Modelle von Produktion und Konsum und die verfestigten
Machtstrukturen ändern, die heute die Gesellschaften beherrschen.

ENZYKLIKA CENTESIMUS ANNUS AM 1. MAI 1991

Für den Erlass von Schulden

Der Grundsatz, dass die Schulden (der Entwicklungsländer,
Anm. d. Hrsg.) gezahlt werden müssen, ist sicher richtig. Es
ist jedoch nicht erlaubt, eine Zahlung einzufordern oder zu be-
anspruchen, die zu politischen Maßnahmen zwingt, die ganze
Völker in den Hunger und in die Verzweiflung treiben würden.
(…) In diesen Fällen ist es notwendig – wie es übrigens teil-
weise schon geschieht –, Formen der Erleichterung der Rück-
zahlung, der Stundung oder auch der Tilgung der Schulden
zu finden, Formen, die mit dem Grundrecht der Völker auf
Erhaltung und Fortschritt vereinbar sind.

ENZYKLIKA CENTESIMUS ANNUS AM 1. MAI 1991

Globalisierung in Solidarität

Um eine gerechtere Gesellschaft und einen stabileren Frieden
in einer Welt auf dem Weg zur Globalisierung zu erzielen, ist
es dringende Pflicht der internationalen Organisationen, dazu
beizutragen, dass das Verantwortungsbewusstsein für das
Gemeinwohl gefördert wird. Zu diesem Zweck darf man aber
nie die menschliche Person außer Acht lassen, die in den Mit-
telpunkt jedes sozialen Projektes zu stellen ist. (…) Die Herausforderung besteht also darin, eine Globalisierung in Solidarität, eine Globalisierung ohne Ausgrenzung zu sichern.

BOTSCHAFT VOM 8. DEZEMBER 1997 ZUR FEIER
DES WELTFRIEDENSTAGES AM 1. JANUAR 1998

Ein neues Verständnis von Entwicklung

Es geht nicht einfach darum, alle Völker auf das Niveau zu heben, dessen sich heute die reichsten Länder erfreuen. Es geht vielmehr darum, in solidarischer Zusammenarbeit ein menschenwürdigeres Leben aufzubauen, die Würde und Kreativität jedes Einzelnen wirksam zu steigern, seine Fähigkeit, auf seine Berufung und damit auf den darin enthaltenen Anruf Gottes zu antworten.

Enzyklika Centesimus Annus am 1. Mai 1991

Gerechtigkeit schafft Zukunft

Am Horizont unserer Welt zeichnet sich vor allem eine schwierige und komplizierte Aufgabe ab, nämlich die Erreichung einer gerechten und fairen Verteilung der Ressourcen der Welt zwischen dem Teil der Menschheitsfamilie, der schon einen ausreichenden Lebensstandard erreicht hat, und dem viel größeren Teil, der immer noch und unter den widrigsten Umständen nach einem würdevollen Dasein strebt. Von dem Ergebnis dieser riesigen Herausforderung hängt die ganze Zukunft der Menschheit ab.

Überreichung von Akkreditierungsschreiben
neuer Botschafter beim Hl. Stuhl am 12. Dezember 1996

Gegen die Zukunftsangst

Gott allein kennt die Zukunft. Wir wissen aber, dass es in jedem Fall eine Zukunft der Gnade sein wird, die Erfüllung eines göttlichen Planes der Liebe für die ganze Menschheit und einen jeden von uns. Wir sind daher, wenn wir in die Zukunft blicken, voller Zuversicht und lassen uns nicht von Furcht ergreifen.

Generalaudienz am 19. November 1997

Weil das Kreuz Christi siegen wird

Unsere Zeit fordert uns heraus
Die menschlichen und christlichen Grundwerte werden von
Verbrechen, Gewalt und Terrorismus herausgefordert. Ehr-
lichkeit und Gerechtigkeit werden im Geschäftsleben und im
öffentlichen Leben oftmals verletzt. Überall auf der Welt werden riesige Summen Geld für die Rüstung ausgegeben, während Millionen armer Menschen um die Grundbedürfnisse des
Lebens ringen. Alkohol- und Drogenmissbrauch fordern ihren
schweren Tribut vom Einzelnen und der Gesellschaft. Die
kommerzielle Ausbeutung des Sex durch die Pornographie ist
eine Beleidigung für die Menschenwürde und gefährdet die
Zukunft junger Menschen. Das Familienleben ist starken
Spannungen ausgesetzt, Unzucht, Ehebruch, Scheidung und
Empfängnisverhütung werden fälschlicherweise von vielen als
annehmbar angesehen. Ungeborene werden grausam umge-
bracht, und das Leben der Älteren ist ernstlich bedroht von
einer geistigen Haltung, die der Euthanasie alle Türen öffnet.
All dem gegenüber dürfen sich gläubige Christen jedoch nicht
entmutigen lassen und können sich auch nicht dem Zeitgeist
anpassen. Stattdessen sind sie gerufen, den Vorrang Gottes
und seines Gesetzes anzuerkennen, um der moralischen Werte willen ihre Stimme zu erheben und gemeinsame Anstren-
gungen zu unternehmen, der Gesellschaft das Beispiel ihres
eigenen rechtschaffenen Verhaltens vor Augen zu führen und
den Notleidenden zu helfen. Christen sind gefordert, mit der
klaren Überzeugung zu handeln, dass die Gnade stärker ist als
die Sünde, weil das Kreuz Christi siegt.

ANSPRACHE IN MIAMI AM 11. SEPTEMBER 1987

Papst Johannes Paul II. verneigt sich während einer Messe am 28. April 1989 in Antananarivo, Madagaskar, vor einem Kruzifix

Der Papst im Juni 1987 in Krakau. Es war nach 1979 und 1983 die dritte Reise in sein Heimatland Polen.

ER WAR MEIN FREUND

Die Weggefährtenschaft mit Papst Johannes Paul II. gehört zu den besonderen Geschenken Gottes, die ich in meinem Leben empfangen durfte. Im September 1975 begegneten wir uns zum ersten Mal im Erfurter Dom. Der damals über die Grenzen Polens hinaus noch nicht so bekannte Erzbischof von Krakau war zur Herbstwallfahrt der thüringischen Katholiken gekommen, um den wenigen Katholiken in der damaligen DDR in ihrer Ghettosituation die Erfahrung zu schenken, dass sie zur großen katholischen Weltkirche gehören. Kardinal Wojtyła durfte als ausländischer Bischof lediglich ein Grußwort an die versammelten katholischen Christen richten. Damals ist das passiert, was man geläufig so bezeichnet: Wir hatten uns gesucht und gefunden. Ich hatte in ihm einen Bischof gefunden, mit dem ich nicht nur die gleiche theologische Wellenlänge hatte, sondern ich fand meine spirituellen Wegschritte bei ihm voll entfaltet und ausgereift. In seine Spuren konnte ich meine eigenen Füße setzen, um an das Ziel zu gelangen.

Ich beschreibe den Papst gern als einen Mann, der gescheit war wie ein Dutzend Professoren und dabei fromm wie ein Erstkommunionkind. Die Wurzel dieser Haltung liegt im Mysterium begründet, dass Gott Mensch geworden ist. Aus dieser Wirklichkeit erklären sich der Lebensweg, das charakterliche Profil und die Lebensleistung dieses großen Menschen. Dass Gott in Jesus Christus Mensch geworden ist, und zwar aus dem ganz konkreten Menschen Maria von Nazareth, war die tiefste Motivation für die Marienverehrung von Karol Wojtyła. Sie war nicht eine katholische

Sondervariante des Evangeliums oder gar eine besondere polnische Auslegung, sie war und ist vielmehr das Prinzip christlichen Daseins. Maria will auch nicht fassen, dass Gott aus ihr Mensch werden soll. Und sie fragt kritisch zurück: »Wie soll das geschehen, da ich keinen Mann erkenne?« (Lk 1,34). Sie bekommt als Antwort: »Für Gott ist nichts unmöglich« (Lk 1,37). Und dazu sagt sie ihr »Ja«. Maria hält diese Wirklichkeit der Menschwerdung Gottes in der Welt gegenwärtig. Und wenn Gott Mensch wird, dann bleiben der Mensch und die Welt die Begegnungsmöglichkeit mit Gott selbst. Die Welt bekommt gleichsam einen sakralen Charakter. In diese sakrale Welt, die in seiner polnischen Heimat einen besonderen Akzent hat, ist Karol Wojtyła als Kind und junger Mensch hineingewachsen. Die Welt wurde für ihn eine permanente Einladung zur Begegnung mit dem lebendigen Gott, der ja seit seiner Menschwerdung in der Welt aufzuspüren ist.

Unter dem Schutz der Gottesmutter

Das berühmte Wort des Papstes bei seiner Einführungsansprache: »Habt keine Angst! Öffnet die Türen für Christus!«, ist das Echo von Nazareth, als der Engel zu Maria sagt: »Fürchte dich nicht, Maria, denn du hast bei Gott Gnade gefunden« (Lk 1,30). Darum hatte er Maria sein Leben anvertraut, wie sein Wahlspruch sagte: »Totus tuus«, weil er dann aus der Wirklichkeit der Menschwerdung Gottes nicht herausfallen kann. Dafür ist Maria geradezu eine Garantie. Es sind ja gerade die Kirchen des Ostens, in denen das Mysterium der Menschwerdung Gottes ganz lebendig geblieben ist, weil sie Maria nie aus dem Blick verloren haben und

Papst Johannes Paul II. beim Gebet in der Grotte von Lourdes. Er besuchte am 14. und 15. August 1983 den französischen Wallfahrtsort.

deswegen so widerstandsfähig waren in der 70-jährigen kommunistischen Verfolgung. Der Papst war in seinem theologischen Denken durch und durch davon erfüllt.

Deshalb spielte auch der Rosenkranz im Leben des Papstes eine so große Rolle. Der Rosenkranz ist nichts anderes als das aufgefädelte Neue Testament, gleichsam das Evangelium in Blindenschrift. Es wird uns berichtet, dass er sich als Erzbischof von Krakau nach der Messe am frühen Morgen und dem anschließenden Frühstück drei Stunden in seine Hauskapelle begab, dort vor dem Allerheiligsten Sakrament niederkniete und dabei seine Predigten, Vorträge, Meditationen und Vorlesungen entwarf. Wenn er sich nach drei Stunden erhob, war der Altarraum der Kapelle ganz mit Manuskriptseiten gefüllt. Johannes Paul II. wusste sich gerufen, das Leben Jesu in Palästina in seinen jeweiligen Lebenskreis zu übersetzen.

Der Papst am 10. Oktober 1986 auf dem Montblanc

So wie Jesus die Natur liebte – er holte in seinen Gleichnissen gleichsam die ganze Schöpfung in sein Denken und Sprechen hinein, um die Geheimnisse des Reiches Gottes den Menschen zu verdeutlichen –, so war auch Karol Wojtyła ein Mann, den die Liebe zur Natur mit seiner heimatlichen Umgebung verband. In ihr begegnete ihm der Schöpfer selbst. Er kannte die Berge der heimatlichen Tatra nicht nur vom Sehen, sondern vom Bergsteigen im Sommer und vom Skifahren im Winter, wobei er nie allein durch die Natur wanderte, sondern immer einen Freundeskreis, meistens Ehepaare oder Jugendliche, um sich hatte.

Bereits dem Kardinal von Krakau war es gegeben, die tiefsten theologischen Wirklichkeiten in die Alltagswelt hinein zu übertragen und ihren ungeheuren Wert jungen Menschen zu erschließen. In den Jahren seiner Wirksamkeit in der polnischen Heimat fiel sein besonderes Charisma Außenstehenden, namentlich im Ausland, kaum auf. In all den Jahren als Erzbischof von Krakau war Kardinal Wojtyła immer noch als ordentlicher Professor an der Katholischen Universität in Lublin tätig. Für ihn als wissenschaftlichen Theologen, aber auch als Christen, Priester und Bischof war das Thema Nummer eins neben Gott der Mensch. Er sagte: »Der Mensch ist der Weg Gottes durch die Geschichte.« Hier klingt wieder die Wirklichkeit der Menschwerdung Gottes an. Schon in der Schöpfungsordnung ist der Mensch als Ebenbild Gottes erschaffen. Diese Ebenbildlichkeit des Menschen mit Gott ermöglichte ihm dann, dass er selbst Mensch werden konnte. Damit hat er dem Menschen die Gottfähigkeit verliehen, d.h., der Mensch wird fähig, gleichsam mit Gott an einem Tisch zu sitzen, wie es in der Eucharistie Wirklichkeit geworden ist. Darum war der Mensch durch die Menschwerdung Gottes zu einem Thema geworden, das ohne Gott gar nicht sachgemäß behandelt werden kann.

Der Beter und Seelsorger

Wie Jesus immer wieder auf die Berge oder an den See in die Einsamkeit ging, um zu beten, so war Karol Wojtyła auch darin ein eifriger Nachahmer Jesu. Er suchte immer, wo es ihm möglich war, die Einsamkeit, um mit dem Herrn im Gebet allein zu sein. Bei den großen liturgischen Feiern konnte man sehen, dass der Papst den Rosenkranz in der Hand hielt und inmitten von Chören und Prozessionen tief im Gebet versunken war. Das Gleiche erlebte man, wenn man eingeladen war, mit ihm am frühen Morgen die heilige Eucharistie zu feiern. Der Papst saß dann schon immer auf seinem Betstuhl oder kniete auf seinem Schemel und war tief ins Gebet versunken. Mitunter hörte man dabei ein tiefes Seufzen. Man musste ihn förmlich aus dem Gebet holen, wenn die Zeit der heiligen Messe gekommen war. Es ist bezeichnend, dass die Menschen Jesus in die Gebetsstille nachliefen und ihn suchten. Weil er ein so großer Beter war, war er auch ein so gesuchter Seelsorger. Das Gleiche muss man von Karol Wojtyła sagen: Weil er ein so intensiver Beter war, wurde er ein gesuchter Seelsorger von nah und fern. Als die Jünger Jesus beten sahen, sprachen sie ganz spontan zu ihm: »Herr, lehre uns beten!« (Lk 11,1) Die Jünger sind nicht durch Reflexion und Belehrung zum Gebet gekommen, sondern durch den Vorbeter, der Jesus ihnen war. Ebenso ist es bei Papst Johannes Paul II. gewesen. Ich habe ihn oft gefragt, wie man richtig beten sollte. Und er sagte ganz einfach: »Wie ein Kind. Gott schaut mich an, und ich schaue ihn an und halte ihm dabei mein Herz voller Sorgen und Anliegen hin. Mehr ist eigentlich nicht nötig.«

Leben aus der Eucharistie

Ähnliches wird man sagen dürfen über den Stellenwert, den die heilige Messe in seinem Tagewerk einnahm. Die tägliche Eucharistiefeier war der Höhepunkt seines Tages. Selbst von seinem Krankenhausaufenthalt nach dem Attentat wird berichtet, dass er am nächsten Tag schon wieder im Bett die heilige Messe feierte. Er war so mit der heiligen Eucharistie verwachsen, dass er sich als Priester und Bischof ein Leben ohne die tägliche Zelebration überhaupt nicht denken konnte. Man braucht nur die Briefe, die er jährlich zum Gründonnerstag an die Priester geschrieben hat, zu lesen, dann wird ganz deutlich, dass er täglich vor dem Altar mit derselben Ehrfurcht stand, die ein Neupriester bei seiner Primiz hat. Er konnte stundenlang vor dem Herrn in der Eucharistie im Tabernakel beten. Sein tiefer Glaube an die bleibende Gegenwart des Herrn in der Eucharistie ließ ihn bei seinem Hirtenamt immer wieder als Augen- und Ohrenzeugen Christi auftreten.

Weil er so tief das Geheimnis der Eucharistie verkostete, konnte er auch so Wesentliches über das Priestertum sagen. Denn beide Sakramente, Eucharistie und Priestertum, sind gleichsam vom Herrn am gleichen Ort, zur gleichen Zeit, im selben Atemzug eingesetzt worden. Indem er über Brot und Wein sprach: »Das ist mein Leib. Das ist mein Blut«, war das Sakrament der Eucharistie eingesetzt. Und indem er den zwölf um den Tisch Versammelten den Auftrag gab: »Tut dies zu meinem Gedächtnis!«, war das Priestertum geboren worden. Darum wurde er nicht müde, über die Schönheit und Größe des Priestertums zu sprechen und zu schreiben. Der Priestermangel in der Kirche gehört zu den traurigsten Erfahrungen, die er als Papst machen musste. Er erkannte darin eine tiefer liegende Krise, die man im Zusammenhang von Priestertum und Ehe und Familie sehen muss.

Leidenschaft für Ehe und Familie

Der Papst sagte mir einmal bei einem anderen Anlass in einem sehr tiefen Gespräch, dass auf den ostkirchlichen Deesis-Ikonen immer Christus in der Mitte sichtbar ist und rechts davon Maria und links davon Johannes der Täufer – seine Mutter und sein Taufpriester. Muttersein und Priestersein gehören auf das innigste zusammen. Wo die Frau und

Mutter nichts mehr gilt, dort hat auch der Priester keine Chance mehr. Und hier liegt auch der Grund, warum der Papst neben seiner tiefen spirituellen und theologischen Erkenntnis des Priestertums auch ein theologischer Fachmann für Ehe und Familie war. Eigentlich gehört zu seinen theologischen Hauptwerken das Thema Ehe und Familie, und zwar geboren aus seiner Grundüberzeugung, dass die Menschwerdung Gottes in Jesus Christus den Menschen in eine Gottebenbildlichkeit gebracht hat.

Er erinnerte an jene Trinitätsikone, die in seiner polnischen Heimat und in der Ukraine weit verbreitet ist. Sie zeigt in der oberen Dimension des Bildes Gottvater, darunter direkt die Geisttaube und unter der Taube den Jesusknaben, der in der unteren Dimension des Bildes zu stehen kommt. An dieser vertikalen Linie steht dann: Sanctissima trinitas increata – die ungeschaffene Dreifaltigkeit: Gottvater, der Heilige Geist und Gottsohn Jesus Christus. Auf der gleichen Ebene steht rechts neben Jesus seine Mutter Maria, und links steht der heilige Josef. Unter dieser horizontalen Linie liest man auf der Ikone: Sanctissima trinitas creata – die geschaffene Dreifaltigkeit: Jesus, Maria und Josef. Das heißt, das vollkommenste Bild des dreifaltigen Gottes ist die christliche Familie: Vater, Mutter und Kind. Wo dieser Zusammenhang nicht mehr gesehen wird, fällt die Ehe auseinander, und damit zerfällt auch die Familie. Daher rührte sein ungeheurer Einsatz während seines päpstlichen Dienstes für Ehe und Familie. Hier war der Papst oft der einsame Rufer in der Wüste. Aber er wusste, dass ihm diese Botschaft von Gott aufgetragen war, weil dort, wo der Mensch verkannt wird, auch Gott nicht mehr gesehen wird. Deshalb wurde er nicht müde, immer wieder auf die Unersetzlichkeit von Ehe und Familie hinzuweisen.

Das Attentat

Ich bin zutiefst überzeugt, dass Hirten wie Johannes Paul II. ganz besonders den Angriffen des Teufels ausgesetzt sind. Hier sehe ich im Attentat auf den Heiligen Vater am 13. Mai 1981 gleichsam den Großangriff der Hölle gegen diesen Diener Gottes. Gerade das Attentat zeigte wiederum die Verflochtenheit seines Lebens mit der Menschwerdung Gottes, die aus der Kraft des Heiligen Geistes durch die Jungfrau Maria geschehen ist. Der 13. Mai ist der erste Erscheinungstag der Muttergottes von Fátima. Er wird jedes Jahr hochfeierlich in Fátima an den jeweils darauffolgenden Monatsdreizehnten bis zum Oktober begangen, also zu den Erscheinungstagen der Muttergottes vor den Hirtenkindern. Sie hatte ihnen damals die Botschaft überbracht, dass sich Russland von der Gottlosigkeit wieder bekehren werde, und forderte die Kinder zum Gebetseinsatz in diesem Anliegen

Am 13. Mai 1981 verübte der türkische Rechtsextremist Mehmet Ali Ağca auf dem Petersplatz in Rom ein Attentat auf Johannes Paul II.

auf. Diese erste Erscheinung am 13. Mai 1917 geschah ein halbes Jahr vor der Oktoberrevolution in Russland. Bevor das Licht des Glaubens im Osten ausging, hatte Maria im äußersten Westen Europas das Licht des Glaubens für den Osten schon angezündet. Und gerade an einem solchen Erscheinungstag wird auf den Papst das Attentat verübt, der im Begriff war, im sowjetischen Machtbereich die Kirche und die Christen vom kommunistischen Druck zu befreien. Wer hier keinen unmittelbaren Zusammenhang sieht, der ist wirklich blind. Der Attentäter Ali Ağca konnte es nicht fassen, dass sein Schuss nicht tödlich war. Die Ärzte und Mediziner erkannten, dass nur ein Millimeter genügt hätte, um den Papst zu töten. Der Heilige Vater war zutiefst überzeugt, dass hier die Muttergottes die Hand im Spiel hatte. Und wie die letzte Seherin, Schwester Lucia, bestätigte, ist mit der Vision von 1917 der Papst gemeint, als die Seherkinder zu Protokoll gaben, dass ein Mann in weißer Kleidung am Ende oder vor der Wende niedergeschossen werden wird. Und in der Tat hatte die göttliche Vorsehung im Konklave 1978 den Erzbischof von Krakau zum Papst werden lassen, weil Gott mit ihm die Befreiung Europas vom Kommunismus vorhatte.

Der Papst und die Wende

Als ich 1980 Bischof von Berlin wurde, war die Stadt gespalten in Ost und West. In Berlin war alles gespalten. Nur die katholische Kirche behielt ihre Einheit mit einem Bischof über die Mauer hinweg. Alle Ost-West-Spannungen wurden gleichsam in Berlin wie bei einem empfindlichen Seismographen registriert und fanden im Leben der Stadt ihren Widerhall. Unter meinem Vorgänger Alfred Kardinal Bengsch wollte Papst Paul VI. im Zuge seiner Ostpolitik das kirchliche Provisorium in der DDR normalisieren. Es sollte ein Abkommen zwischen der Katholischen Kirche und der DDR geschlossen werden, um die provisorischen kirchlichen Organisationen an die tatsächlichen politischen Verhältnisse anzupassen. Das hätte auch die Einheit des Bistums Berlin tangiert. Kardinal Bengsch wandte sich vehement gegen diese Pläne. Und es ist wohl nur dem Tod des Papstes Paul VI. zuzuschreiben, dass sie nicht verwirklicht wurden. Als ich dann im Jahr 1980 das Bischofsamt in Berlin übernahm, war Johannes Paul II. schon eineinhalb Jahre Papst. Als ehemaliger Bischof im Kommunismus wusste er genau, dass geschriebene Vereinbarungen mit kommunistischen Regimen immer zu Lasten der Kirche gingen. Darum sagte er immer: »Bewahrt und behaltet den erkämpften ›Modus vivendi‹, und von allem anderen lassen wir die Finger.«

Einmal sagte er mir scherzhaft: »Dein rechter Arm ist kapitalistisch, dein linker Arm kommunistisch, aber dein Herz ist – Gott sei Dank! – katholisch.« Er stärkte meine Position und machte mir immer wieder Mut, mich nicht einschüchtern zu lassen, sondern das Evangelium, gerade auch in der kommunistischen Umwelt, zu verkünden. Durch diesen päpstlichen Impuls haben wir dann als Bischöfe in der damaligen DDR ein erstes großes überdiözesanes Katholikentreffen in Dresden veranstaltet. In meiner Predigt sagte ich den Gläubigen, dass unser Land nicht Produkt des real existierenden Sozialismus ist, sondern ein Stück Schöpfung Gottes, und dass die Menschen, die hierzulande wohnen, Kinder Gottes sind, für die wir Mitverantwortung zu tragen haben. Darum können wir nicht alle in den Westen gehen.

Papst Johannes Paul II. ernannte 18 Kardinäle am 2. Februar 1983, darunter Joachim Meisner, den Bischof von Berlin

Wir bleiben als Christen hier vor Ort, aber wir wollen dabei keinem anderen Stern folgen als dem Stern von Bethlehem. Die vieltausendköpfige Versammlung antwortete mit spontanem Beifall. Jeder wusste, was damit gemeint ist. War doch auf jedem öffentlichen Gebäude, Schule, Fabrik oder Rathaus, ein großer Sowjetstern montiert, der nachts hell leuchtete. Das Wort von Dresden bedeutete: Wir haben als Christen auch in diesem Raum des ersten sozialistischen Staates in Deutschland unsere Aufgabe, der wir uns stellen wollen, vor der wir nicht davonlaufen zum Heile der Menschen, die unsere Mitbewohnerinnen und Mitbewohner sind.

Umso mehr bestürzte mich die Nachricht sechs Wochen danach, dass der Heilige Vater mir den inzwischen verwaisten Bischofsstuhl von Köln anzuvertrauen beabsichtigte. Ich machte mich sofort auf den Weg nach Rom, schilderte dem Papst die Vorgänge beim Dresdner Katholikentreffen und sagte: Wenn ich nun wegginge, würde ich meine dortige Botschaft Lügen strafen, und die Kirche würde an Glaubwürdigkeit sehr verlieren – der Vorsitzende der Bischofskonferenz mahnt zum Bleiben und ist der Erste, der davongeht. Der Papst hörte sich das an und sagte, ich sollte mir keine Gedanken machen, denn ich würde nur der erste Ostdeutsche sein, der nach Westdeutschland ginge. Danach würden mir viele folgen, denn das System werde kippen. Ich konnte das einfach nicht glauben. Auf meinen Einwand, ob er mehr wisse und Hinweise von Geheimdiensten hätte, zeigte er zum Himmel und sagte: »Dort oben ist mein Geheimdienst.« Ich verließ den Papst niedergeschlagen und traurig, weil er meiner Meinung nach einem großen Irrtum erlag.

Aber der Papst behielt recht! Ja, wir müssen heute sagen, dass der waffenlose Untergang des Kommunismus wesentlich dem Wirken dieses großen Papstes mit zu verdanken ist. Er hat das bewirkt durch kein politisches Programm, durch keine politische Aktion. Er hat seine polnischen Landsleute und die Menschen in den kommunistischen Staaten nicht aufgerufen, auf die Barrikaden zu gehen, die Waffen zu ergreifen, um die Diktatoren aus ihren Regierungspalästen zu vertreiben. Nein, er verkündete freimütig und mit aller inneren Konsequenz die Botschaft von der Gottebenbildlichkeit des Menschen, der von Geburt an Rechte hat, die nicht erst der Bestätigung durch die Gesellschaft bedürfen und die niemand ihnen vorenthalten darf, sondern die jeder zu respektieren und zu akzeptieren hat. Es geht um das Recht der Freiheit des Menschen und das Recht auf Selbstbestimmung, aber auch um die Pflicht zur Solidarität mit allen Mühseligen und Beladenen. Mit dieser Botschaft hatte der Papst dem Kommunismus gleichsam den Boden unter den

Füßen weggezogen. Die Menschen lehnten in der überwältigenden Mehrheit den Kommunismus ab. Dies betraf gerade seine Landsleute in Polen. Sie bekannten sich zum Glauben an den lebendigen Gott, dem man mehr zu gehorchen hat als den Menschen. Deshalb verstanden sie ihren päpstlichen Landsmann am besten, und der Untergang des Kommunismus begann in seiner polnischen Heimat und setzte sich dann in den anderen Staaten des Ostblocks fort. Es hat in der Weltgeschichte kaum einen Papst gegeben, der eine solch intensive Außenwirkung in der Welt und bei den Menschen hatte.

Die Botschaft des Leidens

Der Papst war weit davon entfernt, zu meinen, dass nun ein Paradies auf Erden entstehen würde. Er wusste um die Brüchigkeit des menschlichen Daseins, zumal er das in seiner eigenen Existenz zu spüren bekam. Hatte er auch das Attentat überwunden, so blieben doch die Folgen spürbar, und mit zunehmendem Alter stellte sich die Parkinsonerkrankung mit allen Konsequenzen ein. Das zwang den Papst nicht, seine Wirksamkeit einzuschränken. Ganz im Gegenteil, die Krankheit brachte ihm eine tiefere Verbundenheit mit Christus. Darum versteckte er auch seine Krankheit nicht, sondern tat als einer von Krankheit und Leid Gezeichneter seinen Dienst ungebrochen weiter in der Welt und für die Welt. Damit wurde er zu einem Tatzeugen des hohen Wertes von Krankheit und Leid der Menschen für die Welt.
Bei seinen Reisen und in seiner römischen Tätigkeit bekamen die Kranken und Leidenden immer einen besonderen Ehrenplatz. Ihnen fühlte er sich besonders verbunden, und

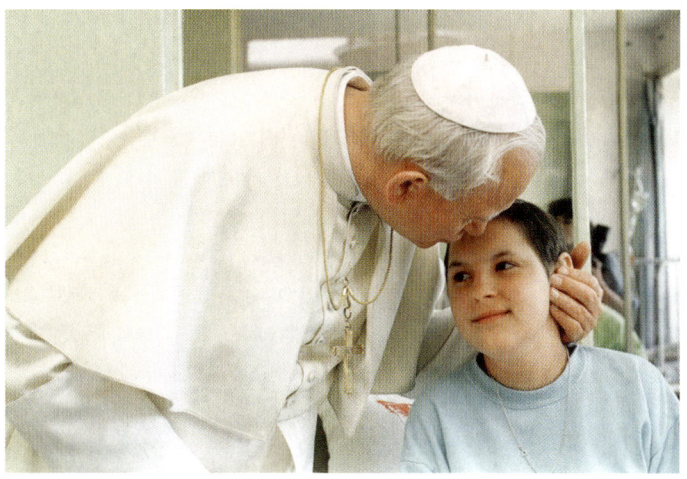

Papst Johannes Paul II. besuchte am 6. Juni 1991 eine Klinik für krebskranke Kinder in Olsztyn in seiner Heimat Polen

ihnen wollte er helfen, ihre Krankheit und ihr Leiden anzunehmen, weil sie dem leidenden Christus ähnlich sind und damit fruchtbar werden für die Welt mit ihren Menschen. Das Bild bei den großen päpstlichen Gottesdiensten zeigte uns in den letzten Jahren einen Papst, der sich an seinem Kreuzesstab so festhalten musste, dass er fast mit seiner Person zu einer Figur verwachsen war. Das war mehr als eine Zufälligkeit, das war seine Existenz: eins zu sein mit dem gekreuzigten Christus. Er wusste, dass das Kreuz das plusgewordene Minus der Welt war durch den Einsatz Gottes. Darum ist er der große Plusmensch geworden, der die Welt zum Positiven verändern durfte. Vielleicht war die Botschaft vom Kreuz eines seiner größten Vermächtnisse an die Welt, so dass er gleichsam in den Armen der Kirche in aller Öffentlichkeit gelitten hat und so auch gestorben ist. Das wird ihm wohl die Menschheit nie mehr vergessen können.

Fátima

Zur ersten Fátimafeier nach dem Sturz des Kommunismus am 13. Mai 1990 entsandte mich der Heilige Vater, um der großen Eucharistiefeier vorzustehen. Er meinte, ich sei der Kardinal im freien Westen mit den intensivsten und längsten Kommunismuserfahrungen. Für mich war es die erste Fátimareise, und ich hatte mich darauf vorbereitet, weil mir Fátima vorher ziemlich fremd gewesen war. Dieser Gottesdienst mit über einer Million Pilgern auf dem Wallfahrtsplatz wird mir unvergesslich bleiben. Ich durfte dort im Auftrag des Papstes den Portugiesen dafür danken, dass sie die Botschaft von Fátima und damit die Zuversicht für Osteuropa angenommen hatten, noch bevor die Sonne des Glaubens in Russland und Osteuropa untergegangen war.

Im Jahr 2000, im heiligen Jubiläumsjahr, sollten dann die beiden verstorbenen Seherkinder seliggesprochen werden. Unvergesslich bleibt die Begegnung des Heiligen Vaters mit den vielen Pilgern am Vorabend der Seligsprechung. Der Papst wurde mit ungeheurem Jubel begrüßt. Als er die Erscheinungskapelle betrat, gab der Bischof von Fátima ein Zeichen, die Gläubigen mögen nun still werden, denn der Heilige Vater wolle vor der Madonna beten. Dann ging der Papst an die Statue und legte etwas nieder. Der Bischof von Fátima erklärte das den wartenden Gläubigen, indem er Folgendes sagte: »Der Heilige Vater bekam am 16. Oktober 1978 im Konklave, als seine Wahl feststand, von Kardinal Wyszynski einen kostbaren Ring, und dieser sagte dabei: Heiliger Vater, dir wird Gott die Aufgabe zugedacht haben, die Kirche ins neue Jahrtausend zu führen. Als äußeres Zeichen, dass er dir dabei beisteht, gebe ich dir jetzt meinen Ring. Diesen Ring hat der Heilige Vater jetzt zu Füßen der

Muttergottes von Fátima niedergelegt, denn er hat diesen Auftrag erfüllt. Er hat die Kirche mit dem Beistand Gottes und der Fürsprache der Muttergottes ins 3. Jahrtausend geführt.« Dann brach ein unbeschreiblicher Beifall aus der Hunderttausende zählenden Menschenmenge auf.

Das Leben des Papstes war durch seine tiefe Verwurzelung in der Menschwerdung Gottes, die für ihn täglich in der Verehrung der Muttergottes sichtbar wurde, zeit- und ortsgleich mit dem Leben Jesu geworden, der gesagt hat: »Fürchte dich nicht, du kleine Herde. Denn euer Vater hat beschlossen, euch das Reich zu geben« (Lk 12,32). Ich glaube, Furcht hat der Papst nie gekannt, und zwar nicht so sehr als angeborene Eigenschaft, sondern als von Gott gegebene Gnade. Er war sich seiner Gegenwart bewusst in seinem Leben. Und wer glaubt, braucht nicht zu zittern.

Der Papst und die jungen Leute

Hier darf aber nicht die besondere Beziehung des Heiligen Vaters zur Jugend vergessen werden. Sie wurde durch Alter und Krankheit nicht gemindert, sondern geradezu noch gesteigert. Am meisten war wohl der Papst er selbst, wenn er mit Jugendlichen zusammenkam. Dann konnte man am ehesten erkennen, wie er selbst als junger Christ unter schwierigsten Umständen in der Nazi- und der Kommunistenzeit mit anderen jungen Christen zusammen war und wie er sich dann als junger Priester um Jugendliche gesorgt hat, bis in sein bischöfliches Amt hinein. Er hatte immer ein Herz für die Jugend. Daraus sind die Weltjugendtage von ihm initiiert worden. Der Papst wusste einerseits, dass junge Menschen noch viel näher an der Schöpferhand Gottes sind als wir älteren, d. h., junge Menschen haben einen kürzeren Draht zu Gott als die ältere Generation. Deshalb ist ihr Drang nach Sinnsuche auch viel intensiver als bei älteren Menschen. Wenn sie niemand haben, der sie zu Gott führt, dann kann die Tragik im Leben eines jungen Menschen sehr groß werden. Der Papst war überzeugt davon, dass, wer jungen Menschen weniger als Gott gibt, ihnen immer zu wenig gibt. Weil heute Eltern, Familie, Verwandtschaft, Nachbarschaft, Schule und Öffentlichkeit den suchenden Jugendlichen kaum noch Gott geben, war er der Überzeugung, dass er für diese Jugendlichen weltweit etwas tun müsse. Denn die Jugendlichen waren oft wie metaphysische Asylanten, die nicht mehr wussten, wo sie hingehören. Er wollte ihnen Gott zeigen und ihnen damit ein festes Fundament für ihr Leben mitgeben. Bei den Weltjugendtagen hörte der Papst eigentlich mehr den jungen Leuten zu, als dass er zu ihnen sprach. Er wollte auf die Sehnsüchte und Erwartungen der jungen Menschen hören, um ihnen wirksam Orientierung und Hilfe schenken zu können. Das haben die Jugendlichen gespürt. Sie wussten, dass der Papst nichts für sich selbst wollte, sondern dass seine größte Sorge war, den Jugendlichen zu einem großen und glücklichen Leben zu verhelfen.

Nach dem Weltjugendtag 2000 in Rom schrieb ein junger Franzose, dass er vom Weltjugendtag in Rom als ein anderer Mensch zurückgekehrt ist. Er ist skeptisch und frustriert nach Rom gekommen und hat dort den Wert seines Lebens in einer Weise erfahren, dass er zum ersten Mal Gott dafür gedankt hat, dass er ihn ins Dasein gerufen hat. Er hat nämlich zum ersten Mal erlebt, dass ein anderer um ihn geweint hat. Das war etwas ganz Neues in seinem Dasein. Er hatte noch nie erlebt, dass er anderen Menschen so wichtig und wertvoll ist, dass sie um ihn Tränen vergießen. Bei einer Katechese erzählte der Papst, dass er selbst eine sehr schwere Jugendzeit gehabt habe. Seine Jugend war überschattet durch die Okkupation der Nazis und dann später der Kommunisten. Aber – so sagte er – die Welt, in die er die Jugendlichen dann wieder zurückschicken muss, ist noch schwieriger als seine Welt damals. Das erfüllte ihn mit so viel Mitleid, dass ihm die Tränen kamen. Und dieser junge Franzose war tief ergriffen, indem er sich sagte: Was muss ich für einen großen Wert haben, dass der große Papst um mich, um uns, Tränen vergießt? Dabei redete der Papst den Jugendlichen nicht nach dem Mund, sondern er redete Gott nach dem Mund um der Jugendlichen willen, und das spürten sie. Auch wenn er ihnen Dinge sagen musste, die für sie schmerzlich waren, hörten sie dem Papst zu und bemühten sich, seinen Wegweisungen zu folgen.

Das Friedenszeichen

Am Ende des Weltjugendtages in Paris im Jahre 1997 rief mich der Heilige Vater an die Seite und sagte mir: »Können wir den nächsten Weltjugendtag in Köln feiern? Ich möchte zum ersten Mal mit einem Weltjugendtag in den deutschsprachigen Raum, und dabei wäre mir Köln sehr lieb. Von dem sympathischen deutschen Volk gingen in diesem Jahrhundert zwei große Weltkatastrophen aus. Ich möchte, dass am Ende dieses Jahrhunderts von Deutschland eine Positivbewegung nach Europa und in die Welt hinausgeht. Darum möchte ich den letzten Weltjugendtag im 20. Jahrhundert in Köln feiern.« Diese Begründung hat mich tief ergriffen. Im Nazideutschland hat man sich zum »Herrenvolk« hochstilisiert und alle anderen Völker, namentlich das polnische Volk, zu »Untermenschen« erklärt. Und nun kommt ein Vertreter der sogenannten »Untermenschen« zu einem Mitglied der damaligen »Herrenmenschen« und sagt: »Ich möchte, dass am Ende dieses Jahrhunderts vom deutschen Volk eine Positivbewegung nach Europa und in die ganze Welt ausgeht.« Das nennt man schlicht gesagt »Feindesliebe«. Ich bin von Paris nach Hause gefahren mit dem festen Vorsatz, alles dafür zu tun, dass der Heilige Vater mit seiner Intention in Köln zum Zuge kommt.

Ich sollte schließlich noch 8 lange Jahre auf dieses Ereignis warten. Dann bestand die Sorge um die Gesundheit des Heiligen Vaters: Wird er noch dabei sein oder nicht? Der Heilige Vater ließ mich vier Wochen vor seinem Tod in die Gemelli-Klinik kommen. Dort erlebte ich ihn als schwerkranken Patienten, und er fragte mich, ob wir denn noch in Köln zum Weltjugendtag auf ihn warten? Ich sagte darauf: »Heiliger Vater, mit ungebrochener Zuversicht erwarten wir Sie bei uns.« Er lächelte ein wenig und sagte: »Ich komme! Aber das ›Wie‹ meines Kommens bestimmt Gott im Himmel.« Und er bestimmte es anders, als wir uns das gedacht haben. An seinem Totenbett kam ich mir wie am Boden zerstört vor, aber ich kann noch genau Tag und Stunde angeben, wie er mir von der Bahre aus deutlich zu verstehen gab: Ich werde dabei sein von oben her und werde euch mit dem kommenden Papst von unten her einen Weltjugendtag bereiten, an den ihr noch lange denken werdet! – Und das ist in der Tat so geschehen. Die Heimgerufenen gehen nicht von uns weg, sondern sie gehen uns nur voran. Ihr Sterben bedeutet den Übergang von der einen Hand Gottes in die andere Hand Gottes. Über Gottes Herz bleiben wir in lebendiger Kommunikation mit ihnen. Darum konnte Johan-

Hunderttausende bereiteten Johannes Paul II. einen begeisterten Empfang auf dem Weltjugendtag im kanadischen Toronto am 25. Juli 2002

nes Paul II. so sehr beim Weltjugendtag präsent sein. Sein gläubiges Leiden und Sterben war die intensivste Vorbereitung der Jugend der Welt auf die gesegneten Kölner Tage.

Danke, Heiliger Vater, seliger Johannes Paul II., für alles, was du mir in all den Jahren unserer Weggefährtenschaft geschenkt hast. Sie ist noch nicht am Ende. Mein Weg geht weiter. Ich bin sicher, du bleibst dabei, nun vielleicht noch wirksamer!

+ *Joachim Kardinal Meisner*

INHALTSVERZEICHNIS